简·奥斯丁的教导

细读六部小说，获得自我成长

〔美〕威廉·德雷谢维奇　著

刘倩　译

生活·讀書·新知三联书店

图书在版编目（CIP）数据

简·奥斯丁的教导：细读六部小说，获得自我成长／[美]威廉·德
雷谢维奇（William Deresiewicz）著；刘倩译. —北京：生活·读书·
新知三联书店，2017.11
（三联精选）
ISBN 978－7－108－06024－2

Ⅰ.①简⋯　Ⅱ.①威⋯②刘⋯　Ⅲ.①奥斯丁（Austen, Jane 1775-
1817）－教育思想　Ⅳ.① G40-095.61

中国版本图书馆 CIP 数据核字（2017）第 167777 号

责任编辑　吴　莘
装帧设计　鲁明静
责任校对　张国荣
责任印制　宋　家
出版发行　**生活·讀書·新知** 三联书店
　　　　　（北京市东城区美术馆东街 22 号 100010）
网　　址　www.sdxjpc.com
图　　字　01-2017-5654
经　　销　新华书店
印　　刷　北京隆昌伟业印刷有限公司
版　　次　2017 年 11 月北京第 1 版
　　　　　2017 年 11 月北京第 1 次印刷
开　　本　850 毫米 × 1168 毫米　1/32　印张 8.5
字　　数　160 千字
印　　数　0,001－8,000 册
定　　价　32.00 元
（印装查询：01064002715；邮购查询：01084010542）

目录
Contents

代译序　与奥斯丁的相遇

黄　梅

　　《简·奥斯丁的教导》开篇，作者德雷谢维奇直截了当地切入到自己的一段前尘往事："当时我二十六岁……遇到了改变我人生的女人。她去世快两百年了，但这没有关系。她的名字是简·奥斯丁。"

　　这本书很难归类。

　　是经典文学作品导读？抑或是私人回忆录？甚至部分地可算是小说？若说是前者，它没有学院腔和书蠹气，不使用专业术语，不突出"理论"和"方法"，却大量穿插个人体验和感想，实在难以划入当今的学院式作文。若说是回忆录，其中涉及雷氏"我"的篇幅所占比重远不及有关奥斯丁作品和生平的文字，而且不排除那些自述包含虚构或隐去真名实事的"假语村言"。更何况，全书完全以奥斯丁著作为主轴，六个章节标题均取自小说书名，分别从一个角度诠释小说带给读者的启迪或教益。若从目录看，这安排又与所谓的学术写作极为神似。或许，更恰当地说在这本书中导读、回忆录和小说三种成分兼而有之。它可以被视为奥斯丁作品与当代美国青年人生探索深度交融的

1

文化个例。作者的着眼点关乎奥斯丁，更关乎广义的教育。作者力图以自己的亲身体验说明：人文化育（包括对经典文学作品的用心阅读）乃是步入人生正途或建立正确"幸福观"的关键环节。

《教导》一书汉译本书名副题为"细读六本小说，获得自我成长"，稍稍改动了原著用词[1]，却以更醒目的方式呈现了全书主旨及设置，也有效地体现了吸引读者的用意。

一

德雷谢维奇出生在新泽西州，曾就读于纽约哥伦比亚大学，1985 年获生物学、心理学学士学位，1987 年得到新闻（jounalism）硕士学位。此后他"漂"了一段时间，换过好几个工作，但是在各方面——不论是从业体验、独立生活还是社会交往——他都感到挫沮与困惑。他决定重返校园攻读英语系博士学位，填补"文学教育上的空白"。之所以仍回哥伦比亚大学，主要原因是他父亲在那里供职，可享免学费待遇。由此看，小德读博

---

〔1〕 原副题是 *How Six Novels Taught Me about Love, Friendship, and Things that Matters*，直译应为"六部小说如何教我懂得爱情、友谊以及种种真正重要的事物"。

固然不失为明智的转移，但或多或少又是退缩回家长羽翼之下的逃避之旅。

他是 20 世纪美国文化的儿子。"现代主义文学塑造了我的读者身份，还从很多方面塑造了我作为一个人的身份。乔伊斯，康拉德，福克纳，纳博科夫：复杂、困难、成熟的作品。和很多年轻人一样，我需要把自己想象成叛逆者"，他这样描述自己。此时在他身上分泌出来的所谓"对体制的愤怒"，大抵只是 20 世纪主流文学的灌输与年轻人荷尔蒙掺和发酵形成的模糊不清的情绪。这些"前期教育"的后果之一便是，虽然小德进了英语系，19 世纪英国小说成了他的必修课，可他心里对那些陈年老货其实不怎么待见。

"遭遇"奥斯丁小说《爱玛》发生在读博第二年。

起初小德十分抵触。一些次要人物在他眼前晃来晃去，喋喋不休：伍德豪斯老先生时时忧虑自己的健康，反复唠叨粥热、风凉；还有已届中年的贝茨小姐不停嘴地报告母亲、外甥女和邻居的最新境况、家长里短。他想，谁有耐心忍受这些又臭又长的鸡毛蒜皮呢？

他在厌烦中开始被动阅读。但是渐渐地，却有些描写吸引了他的注意——比如贝茨小姐的"异样"。贝茨是爱玛·伍德豪斯所在村庄前任牧师的女儿，与她一起生活的有年迈的寡母，此外还有个自幼失去双亲、寄养在外的外甥女时不时住过来。自从父亲辞世，家里失了顶梁柱，她们的生活就变得非常拮据，是村里乡绅圈中最困窘的人家，连偶然改善一下生活，尝点时鲜肉食或果蔬什么的，也常常得仰赖邻居和朋友的好意馈赠。贝小姐本人早已过了嫁龄，在当时社会中是被低看的老处女，家里靠她辛苦操持维持日常生活运转，还得面对渐渐临近的孤独而凄冷的晚景。万万想不到，她却竟然是个"快乐的女人"，觉得自己"身在福中"！ 这让当时胸中块垒郁结的小德受到了小小的震动。他开始思考"为什么"。

于是他开始留意那位脑瓜子似乎不太灵光的贝小姐信马由缰的闲谈，体会她对其他所有村民充满善意的兴趣和关切。她感激乡邻的好意，也每每对别人尽力相助或无条件地宽待、谅解，甚至当地主女儿爱玛刁蛮地拿话刺她、堵她的嘴，她也只怪自己"让别人非常失望"。半是笑柄的贝茨当然并非典范，但也绝不是被鄙薄的对象。奥斯丁通过这个平凡的絮叨女展示了一种人生和一种思想方式。她们平凡地劳作，她们"编织社交网络，用话头编织……创造了这个世界"。小德意识到贝小姐们如何以相濡以沫的关怀维系着乡村生活共同体——或许，那是在"现代"方式中已经失传的某种"幸福密码"？

同为话痨，伍先生另是一类。这次小德动用了英语系学生的看家本领细读了一段不足百词的相关描述，发现其中指代伍先生的人称代词多达十七个，每五个单词就摊上一个"他"（主、宾格）或"他的"——"他的"钱、"他的"房子、"他的"女儿，等等。虽是第三人称叙述，却活灵活现地表达了老伍作为本村头号地主高高在上的自我中心心态——"奥斯丁只用了三个句子，以最含蓄的方式，就刻画出一个挟病自重的人的形象"。然而他没有止步于此。他结合其他描写进一步看出，这位反对别人吃蛋糕也反对熟人出嫁的荒唐老头虽然"我"字当头，可本质上又是软弱的、善良的，并无伤害他人的用心。

也许小德尚不自觉。但是，当他让自己的目光和思绪在不起眼的贝小姐、伍先生们身上停留之时，当他学会识别并分析他们的言外之音时，他本人发生了质的改变。因为他关注的已不仅仅是自己。他不但学会了把目光投向外界和世人，而且具备了感受力和分辨力，能够认真思虑他的境遇，能够感知桩桩件件日常小事对人们的影响。他说："我的生活开始有了一种前所未有的重量感。这是最令人震撼的时刻之一，你看着身边的世界，然后第一次看见了它，感觉到了它存在的真实性……"

从《爱玛》出发，小德顺理成章进而步入了《傲慢与偏见》的世界，并一见钟情地爱上了伊丽莎白·班内特。他喜欢那个机智幽默、生气勃勃的姑娘，认同她的眼光和判断。结果呢，他发现自己和伊丽莎白一道误判了别的人物。是的，虽然伊丽莎白看上去和爱玛大不相同，却和后者一样有自以为是的毛病。

她们都犯了错，都在丢脸（humiliation）的痛苦体验中获得了新的自我认识，然后得以重建与他人的关系。小德突然领悟到什么叫"成长"。"长大成人意味着犯错"，意味着要不惮于做判断、下决心并担起错误的后果——"没有人生来就是完美的，……你一生下来，就有值得写一整部小说的错误等着你"。

德雷谢维奇迈出了人生中新的一步。他出生在二战中逃离欧洲的捷克犹太人家庭，家族中多数人都在大屠杀中丧生。他是家里的老小，母亲的宝贝儿，从小在犹太经学院读书。父亲对他一方面过度保护，另一方面又提出专横的严格要求并怀有某种说不清道不明的轻蔑。此外还要加上大姐的溺爱和大哥的欺负——两人都比他年长不少，不可能成为平等的玩伴。在这样的环境中长大，小德生活能力差、难以适应社会几乎是势在必然。即使到了研究生阶段，他仍住在离父亲办公室不远的哥大宿舍，在乱糟糟的"狗窝"中晨昏颠倒地过日子。

缓步走过了《爱玛》，走过了《傲慢》，小德又经数月努力通过了令人生畏的博士资格口试，心中酝酿已久的决定终于瓜熟蒂落。他打算在确定论文题目之前沉静一段时间，搬出校园在布鲁克林租屋独立生活，去承担自己选择和行为的对与错，并尝试在"丢脸"中成长。

对于一个二十七八岁的美国青年来说，这实在是个迟来的举措。为什么是伊丽莎白·班内特而不是早前他更熟悉的乔伊斯笔下的青年艺术家或《在路上》中的叛逆男孩促成了他最关键的出走？两类不同领路人代表的"独立"姿态又有怎样的区别？

对于前一个问题，可能的答案必定是多重而非单一的。德雷谢维奇的传统犹太家庭背景显然是最根本原因之一。不过，他关于乔伊斯的一段颇有见地的评议也能带来若干启发。他说：乔伊斯的手法是"炫耀性"的，最终让读者感到他书中那些小人物（比如《尤利西斯》中的布鲁姆们）自身并不重要，真正令人瞩目的唯有小说创造者和他的艺术。显然，奥斯丁给他的感受迥然不同。小德更愿意也更容易"进入"奥斯丁的世界。有类似感觉的不止他一人。当然，综合多种可能，或许我们最终只得说，人与书的遇合有特定缘分，恰如人与人的关系。我们只能恭喜小德的运气，即他是在青春期之后的阶段遇到更成熟的奥斯丁人物。《爱玛》培养的感性使他跳出了自我主义的小牢笼，懂得了观察、理解他人并更恰当地看待人我关系。因此当他决定挣脱父亲时，并没有把老人家视为恶魔或暴君，而是充分意识到父亲曾在侥幸逃离屠杀的家庭中生活、毕生未能摆脱不安全感，并由此理解了他对自己深厚但又复杂纠结的情感。因此，他迟来的反叛有必要的坚定，却没有过多自我陶醉的极端姿态，也没有对亲人造成不必要的伤害。而我们在思虑这些的时候，便已深入到第二个问题的"领地"。

二

不难猜想,德雷谢维奇选定的博士论文研究对象是奥斯丁。

随后他开始系统地阅读奥斯丁其余几部小说。与此同时,小德因朋友关系"蹭"入了一个光鲜诱人的富二代社交圈。在反复阅读《曼斯菲尔德庄园》之际,他不时与一帮纽约富贵场中的俊男靓女往来聚会。全新的社会生活场景让这位来自寻常人家的年轻人目眩神迷,似乎增加了亲近小说的难度。和许多普通读者以及学者专家一样,他发现《曼园》及其女主人公范妮·普莱斯很不讨喜,缺乏"让人愉快的所有一切,与机智、活力和好奇心相抵触。小说的基调是冷峻的,甚至是苦涩的","最糟糕的是,它还迫使我与一个最没有吸引力的女主人公相伴同行"。

奥斯丁笔下的小范妮十来岁时被姨夫即托马斯·贝特伦(爵士)夫妇收养,在曼斯菲尔德庄园的豪宅美苑中长大并步入青年时代。然而她是寄人篱下的穷亲戚,胆怯而柔弱。在漂亮健壮、受过良好教育且趾高气扬的表哥表姐及其朋友们面前,她永远是低人一等的听呵喝的半仆。她的感受自然与其他人格格不入。小德发现她在人前显得太过一本正经,私心里又满腹怨怼。她的另类存在使少爷小姐们寻欢作乐的游戏大煞风景——

"她根本就没有幸福和快乐的能力"。

　　直到有一天，小德无意间听到几个有钱青年鄙夷地议论他的朋友"攀高枝"。这让他猛地意识到眼前情境和曼园世界的相似——在那些一掷千金的阔少名媛中"我不是范妮还会是谁呢"？"关于金钱和地位的大戏一直都在她（范妮）身边上演，舞会、游戏、调情、婚配，和我一样，她没得选，只能坐在旁边观看。我们没有台词。"小德认识到：对于范妮式处境，丧父之后常在各位哥哥家打杂的成年奥斯丁有深刻体会，所以表达得入木三分。

　　是的，读《曼园》有个站位问题：是站在权势者一边还是站在受压制的相对低贱者一边。范妮缄默、警觉的态度，不适合参与度假和狂欢，却是她生存方式的必然产物。而她的责任意识、严谨做派以及坚韧倔强的性格则常常是卑微者争取更好生活的必要素质。如此看来，许多20世纪西方中等阶级读者和知识分子那么不喜欢范妮实在是颇为耐人寻味的文化现象。莫非百余年世事迁移，竟使19世纪范妮们的后继者们产生了自以为属于为所欲为、潇洒"人上人"的幻觉？

　　小德梳理了范妮·普莱斯乃至奥斯丁的人生经验，探究了她们各自认同的价值观以及她们对"（于他人）有用"的看重。他想，自己或许仍谈不上"喜欢"范妮，但却乐于聆听她内心的声音并十分珍视她给自己上的那至关重要的一课。种种思考心得不仅使他的论文写作向前推进了一章，也促使他彻底摆脱了那个一度令他着迷、又让他很不自在的上层社交圈。

曼园"惊梦"之后，《理智与情感》让德雷谢维奇再一次面对不招人喜欢的"正面"人物。书中分别代表"理智"（sense）与"情感"（sensibility）两种价值取向的是达什伍德姐妹。妹妹玛丽安热烈奔放地爱上了相貌英俊、有倜傥公子哥儿风度的威洛比；而大姐埃莉诺则日复一日张罗丧父后全家四女眷的柴米油盐，一边无声无息地暗恋诚恳、低调甚至消极被动的爱德华。奥斯丁带领读者一起辨析哪一种爱才是可宝贵的真"感情"。现实生活的教训来得很快。玛丽安的浪漫梦想不久后便在金钱的铁壁上撞得粉碎——威洛比图谋另娶嫁资丰厚的阔小姐，绝情地抛弃了她。她伤心欲绝、大病一场，重新认识了自身，看到了在自己的"激情"下隐藏着的自私和盲目。最终她嫁给了比自己年长很多的老实巴交的布兰登。另一方面，埃莉诺得到的回报也不过是与被剥夺了继承权的准小康男爱德华携手人生的机会。总之，两姐妹的婚姻都有些令人"扫兴"，其中没有气场夺人的霸道王子，也没有辉煌的宫殿。小德说"奥斯丁并不反对浪漫，她反对的是浪漫神话"，他认为玛丽安乃至许多奥斯丁的同代、后代人对爱情的期待来源于小说（或其他文艺作品）提供的浪漫化、性感化的幻想，而这些其实是有害的精神毒品。他结合亲身见闻和经验（包括来来去去的女友，还有哥哥婚姻的失败以及自己的成长曲折）长久深思，最后认定：埃莉诺、爱德华和布兰登们的方式虽然不够吸引人，却是"正确"的选择。

这个结论当然只是引向更多的问题。为什么"正确"的东西却不吸引人？为什么所谓的"浪漫幻想"总有野火烧不尽的生机却又每每导向歧途？在奥斯丁时代乃至21世纪的地球村，诸多文化产品大水漫灌注入青少年头脑的"浪漫"究竟包括什么——由"才艺""风度"标志的文化资本抑或是由某种"宫殿"代表的财富地位？德雷谢维奇没有更深入地剖析这些。不过，他对深层问题也并非毫无觉察。在考察范妮与其贝氏表亲及克劳福德姐弟之间的鲜明对比的过程中，小德意识到，生活在当今美国社会亦如在曼园，"我周围的文化——纽约只是个极端的例了——方方面面都对我说金钱、地位才是幸福的关键"。而正在深入体验奥斯丁视角的他，对这些似乎天经地义的判断产生了强烈的怀疑和抵制。

在六部奥斯丁小说的相伴和"指点"下，德雷谢维奇一次次校正了人生的小船。他完成了研究生学业，结识了新女友。他发现她和自己很不一样，和以前交往过的其他姑娘也不一样。她端盘子，给人擦过皮鞋，当过咖啡馆服务生，被有些熟人认定为很"掉价"。但此时的德雷谢维奇已经学会了理解、尊重他人（包括劳力者）并向他们学习。在不婚族日渐扩容的后工业时代里，他比较权衡，思索着什么是"the things that matters"，毅然选择了承诺、担当以及某种强互惠[1]的家庭与社会纽带关系。他当然知道，婚姻（哪怕是来自不同阶层、拥有不同教育背景的人之间超越金钱考量的婚姻）的缔结并不是矛盾与问题的一揽子解决办法。但他仍决定姑且以奥斯丁方式收局。在全书最后一句话中他戏仿简·爱的调子说："读者们，我和她结婚啦。"[2]

2008年，已在耶鲁大学执教十年的德雷谢维奇做出了另一个重大抉择。他辞去教职成为专业作家。三年后也即2011年，《简·奥斯丁的教导》面世。

之后，他不断在演讲和文章中对美国精英教育特别是常青藤联盟高校体系提出尖锐批评，在社会上广为流传。出版于2014年的《优秀的绵羊》汇集了他在这方面的思考。有评者称他的抨击"矛头针对整个美国中上阶级"；也有人认为他提出要以人文艺术（liberal art）"砥砺学生的'道德想象'"是"太廉价"的劝告。无论如何，该书引起了很大的反响和争议，并

---

〔1〕 强互惠（strong reciprocity）理论是当前影响日益扩大的一种跨越经济学、社会学、生物学、人类学等学科的综合社会科学理论，它突破所谓"经济人"与"理性人"假说，认为人类行为常常超越"自利"动机。

〔2〕 这句话原文为"Reader, I married her"。而夏洛蒂·勃朗特的《简·爱》最后一章开头句则是"Reader, I married him"。

上了《纽约时报》畅销书榜。

　　当年在彷徨中重返校园的年轻人，如今成了针砭美国主流社会的风云人物。阅读奥斯丁小说则是这场蜕变的起点。

第一章

《爱玛》：每一天都重要

当时我二十六岁，傻傻的不通人情世故，二十六岁的人都这样。我遇到了改变我人生的女人。她去世快两百年了，但这没有关系。她的名字是简·奥斯丁，她的小说让我明白我所知道的一切都很重要。

回过头来看，整件事最让人惊讶的是，我原本是不想读她的。读她纯属偶然，不是我的本心。一年前，我重回学校攻读博士学位，想要填补文学教育上的空白——乔叟和莎士比亚，梅尔维尔和弥尔顿——但英语文学有个领域不合我胃口，和我水火不容，那就是19世纪的英国小说。我觉得，还有什么能比女性小说家写的这堆又臭又长的小说更枯燥无味的呢？不仅语言做作浮夸，内容还都是些鸡毛蒜皮的琐事。

书名听起来也很可笑。《简·爱》，《呼啸山庄》，《米德尔马契》。但是，没有什么像"简·奥斯丁"这个名字那样更能代表这堆作品的沉闷和狭隘了。她不就是那些无聊浪漫童话故事的作者之一吗？一想到她，我就昏昏欲睡。

我真正想研究的是现代主义，现代主义文学塑造了我的读者身份，还从很多方面塑造了我作为一个人的身份。乔伊斯，康拉德，福克纳，纳博科夫：复杂、困难、成熟的作品。和很多年轻人一样，我需要把自己想象成叛逆者，而现代主义，以其革命性的冲击力，确认了我的自我形象。曾有那么一段时间，我穿着约翰·列侬的外套漫步在百老汇，满腔愤怒和讽刺，对任何传统的、可敬的、虔诚的东西发表沉默的演说。我贴着路边的建筑走，踩着阴影走，感觉像是寻找藏身地的过街老鼠，我用这些方式加重自己的疏离感。如果等人或是没什么地方可去，我就坐在人行道上，带着我的凯鲁亚克或《第二十二条军规》，看你敢不敢拦着我。我抽大麻，听"冲撞"乐队（The Clash），对卖身投靠"那个人"的商业小丑们嗤之以鼻。像现代主义者那样，我渴望改变世界，虽然不知道从何入手，但至少我知道不能让这个世界改变我。我是陀思妥耶夫斯基笔下的地下室人，对体制充满愤怒；我是乔伊斯笔下的斯蒂芬·迪达勒斯，一个比成年人好太多的反叛艺术家；我是康拉德笔下的马洛，厌世、说真话、戳穿伪善和谎言。

不用说，我这个人不易相处。实际上，我猜朋友们根本就是在忍受我。和很多人一样，我认为好的交谈意味着高谈阔论我知道的那些所谓的大事：书籍、历史、政治、诸如此类。我自信满满，肯定不会等人把话说完就要表明自己的观点，就像他们都来自西奈一样。我也不管不顾周围人的感受，像台超速运转的推土机，因为我从来就没想过别人究竟是怎么看问题的。

我最好的朋友，比我自己更了解我，有一次把我介绍给她的朋友昂纳（Honour）。我忙着开动脑筋，想要一口气说出我能想到的所有傻傻的双关语，诸如"阁下""很荣幸见到你"之类。她看出了我脸上得意的傻笑，在我犯傻之前打断了我。"比利，"她强忍着不耐烦说，口气像是对熊孩子说话，"这些她都听过了。"总之，我既不了解自己也不了解别人。

不奇怪，我的感情生活也没什么特别的幸福可言。当时，我陷在一段早就该结束的关系里。我们是上一年夏天的某个晚上走到一起的，交往一年多了，几乎没有什么共同语言，关系进展也从未超过性。她很棒，双性恋、冲动、有经验，她的表情像是什么都知道，笑起来像是什么都不在乎。我们上床，出门跳舞，回来再上床。

但说到真正的亲密关系，我就没办法处理了。以前我也有过几任女朋友，其中有几位我觉得还算是真爱，但结局总是很糟糕：吵架、生气、心理战、眼泪。最后，大解脱。这次我们没有吵架，但我们也不交谈——不谈任何实在的东西，不谈我们之间的问题或各自的感受。我还是老样子，滔滔不绝，高谈阔论，甚至觉得这样做是为了她好。毕竟，我是哥伦比亚大学的研究生，她勉勉强强才念完大学。我是要做大事的，在想好下一步之前她一直在做服务生打发时间，这份工作让我觉得她一点追求都没有。总之，我不太尊重她，不觉得她能说出什么值得我听的话来。

我明白，这不是真正的关系，但我不停地对自己说这就是我一直想要的。稳定供应的性，没有附加条件：十多岁男孩心目中的天堂。当然，我也不是十多岁的男孩了。尽管如此，我觉得——这也说明当时我有多麻木——好吧，可能我再也遇不到一个可以去爱的人了，那又如何？当然，我心里清楚得很，这种想法很荒谬，这是连我自己都能察觉到的严重情感危机的一个迹象，只不过我拧紧盖子，矢口否认。而且，我觉得吧，一旦你爱上某个人，大家就盼着你结婚。要说有什么事我知道的话，那就是我才不要结婚呢。

研究生第二年，我报名选修了"小说研究"，不是因为我对小说略有所知，而是因为这门课听起来很适合我。最开始的两本书，一是把小说艺术提升到文化价值新高度的《包法利夫人》，一是亨利·詹姆斯最受推崇的杰作《奉使记》。看来，我想要研究文学名著的愿望得到了满足。

接着，就是《爱玛》。关于这部作品的伟大，多年来我零零星星听过不少说法——最好的英语小说之一，比乔伊斯、普鲁斯特的任何作品都要复杂得多——但是，从一开始，我对简·奥斯丁的偏见就是根深蒂固的。《爱玛》陈腐平庸得无法忍受。这个故事看上去不过是由小乡村普通人的各种闲聊堆砌而成。没有大事件，没有大问题，对于一个浪漫小说作家来说，甚至连激情也没有。

爱玛，也就是爱玛·伍德豪斯，"又漂亮，又聪明，又有钱"，和她衰弱、愚蠢的老父亲生活在哈特菲尔德的家族庄园里。她的生活狭窄得难以想象。她很小的时候母亲就去世了，姐姐伊莎贝拉住在伦敦，抚养她长大的家庭教师刚刚出嫁。伍德豪斯先生本人简直就是个疑病症患者，不肯离开庄园半步。最好的朋友总是来他家看他，其中有贝茨小姐（一个可悲、可笑的老姑娘）及其老母亲（一位老牧师的遗孀）。

小说开篇就是死气沉沉的一群人，他们所做的事无非就是坐在一起聊天：谁病了，前一天晚上谁家有牌局，谁跟谁说了些什么。伍德豪斯先生对开心时刻的看法，就是在花园里散散步。读信是每个人日常生活的重头戏。去哈特菲尔德附近的村庄海伯里买东西——贝茨一家住在海伯里，附近的商店好像也就仅此一家——对女主人公来说就算是大事件了。

我不敢相信这一切是多么的琐碎。其他课上，D.H. 劳伦斯在鼓吹性革命，诺曼·梅勒在对第二次世界大战怨天怨地，我却在这里读什么牌局。伊莎贝拉举家回来过圣诞节的整整一章，全是漫无边际的闲聊，大家互相交换新消息。六页多篇幅，情节停滞不前。实际上，小说很长一段都没有真正的情节可言。事情发生了，情节发展了，但没有任何问题、任何悬念推动故事向前，至于我所期待的女主人公的爱情前景，小说似乎根本就没有考虑过。

伍德豪斯先生谈到自己的孙子或自己的稀粥时所说的那些漫无边际的话究竟有什么意思呢？他跟爱玛说起伊莎贝拉的两个儿子：

> 亨利这孩子长得很漂亮，约翰长得很像他妈妈。亨利是老大，取了我的名字，而不是他父亲的名字。老二约翰取了他父亲的名字。有些人想必会奇怪，老大怎么不取他父亲的名字，不过伊莎贝拉给他取名亨利，我看也挺好的。他的确是个聪明孩子。那些孩子个个都非常聪明，都有许多招人喜欢的地方。他们常爱站到我椅子旁，说："外公，能给我一段小绳子吗？"有一次亨利跟我要一把刀子，我对他说刀子是专供当外公的人用的。（第一卷第九章）

这些爱玛当然都知道，听过了一百遍。这些信息，对读者来说也没什么意义。这两个男孩，他们聪不聪明，他们想要刀子、绳子，在小说里起不到任何作用。我们已经知道爱玛的父亲是个乏味无趣的老头了，那么，为什么还要听这些废话呢？

还有，和贝茨小姐相比，伍德豪斯先生简直就是小巫见大巫。伍德豪斯先生说的是一段废话，贝茨小姐说的是一整页废话。坐在咖啡馆里，周围人读的是克尔凯郭尔、乔姆斯基，我则读到这么一段，贝茨小姐告诉（或者说想要告诉）爱玛自己刚刚收到外甥女简·费尔法克斯的来信：

> 哦！可不就在这儿。我敢肯定就在手边的；不过我无意间把针线筐压在它上面了，你瞧，因此就看不到了。可是就在不久前我还拿在手里的呢，因此我几乎可以肯定它必定是在桌子上的。我给科尔太太念来着，而她走了以后呢，又给我母亲再念了一遍，因为她再喜欢不过——简的来信她最喜欢听了——听了一遍还要再听一遍，永远也没个够。所以我知道不可能不在手边的，可不，就在这儿，就压在针线筐底下。承你那么关心，想听听她说了什么。但是，首先为了公正地对待简，我真的必须先表示抱歉，因为她信写得这么短——只有两页，你瞧，两页还没完全写满。一般的情况是，她写满一页，横过来再……（第二卷第一章）

这还只是贝茨小姐说的前半段话，再读一页我们也不知道信里究竟说了些什么。

伍德豪斯先生和贝茨小姐——一个是沉闷无趣的老人，一个是说话不着调的邻居——如果现实生活中遇到这些人，我会直接无视他们，要么不理不睬埋头赶路，要么心不在焉地点头称是，心里只想着赶紧去图书馆借点新书。我真的不想花时间读这些东西。

好玩的是，女主人公和我观点一致。我厌烦海伯里，爱玛也一样。她不觉得海伯里发生的事情有什么意思，小说几乎每个情节都与她决定主动出击、做点事情有关。她的这些做法，我不知道该说些什么好。一方面，我同情她；另一方面，她如此热心地瞎折腾，她所有的谋划最后都变成了灾难，每次她开口说话，我都发现自己替她感到难为情。

爱玛没事找事的时候，和哈丽特·史密斯建立了友谊。哈丽特温顺、无知、天真，比爱玛小几岁，很敬仰爱玛，从各方面满足了爱玛的虚荣心。哈丽特也很漂亮，"个子娇小，人却很丰满，皮肤白皙，脸颊红润，蓝色的眼睛，金色的头发，模样儿显得很甜"，这让爱玛有了一个主意。爱玛心想，哈丽特"那柔情似水的蓝眼睛，那种种与生俱来的妩媚，可不能虚掷"，"再增添些许学识与风采就能变得十全十美"。于是，就像《窈窕淑女》中的亨利·希金斯教授把卖花女伊莉莎·杜立特尔仔细端详了一番后，爱玛决定把自己的朋友变成一个"计划"："她要改善她的状况，把她引入上流社会；她还要培养她的思想和举止。这会是有趣的，当然也是十分仁慈的举动。她自己的生活状况，倒是很适合做这件事。"（第一卷第三章）

这真的是太过火了。傲慢自大、爱管闲事，爱玛自己也才二十出头，和她的朋友一样天真。爱玛觉得家庭教师嫁给本地绅士是自己的功劳——其实她所做的不过是猜对了结局——现在，她盘算着要撮合哈丽特和新来的牧师埃尔顿先生了。这个计划太可笑了，哈丽特是私生女，不知道生父是谁，没有钱，也没有社会地位，但爱玛就是相信自己办得到。

糟糕的是，爱玛还让自己的朋友信了。爱玛说服哈丽特拒绝了年轻富农马丁先生的求婚，其实哈丽特很喜欢马丁。小说这一幕读起来痛苦极了，像是看人折磨一只小狗：

> "那你觉得我是应该拒绝他啦。"哈丽特低下头说道。
>
> "应该拒绝他！亲爱的哈丽特，你这是什么意思？你对此还有什么怀疑吗？我觉得——不过请你原谅，也许是我搞错了。你要是对于回信的大意还拿不定主意，那我还真是误解你了。我原以为你只是找我商量回信的措辞呢。"

哈丽特没有做声。爱玛神态有点冷漠，接着说道：

"这么说，你打算给他个肯定的答复啦。"

"不，没有的事。我是说，我没有这个打算——我该怎么办呢？你看我该怎么办呢？伍德豪斯小姐，请你告诉我该怎么办吧？"……

"我是绝对不会劝你什么的。"爱玛和蔼可亲地微笑着说。（第一卷第七章）

我真的受不了她了：不管有意无意，她玩弄别人的幸福，仅仅是为了自己的虚荣心！她觉得海伯里没有人配得上自己，她也觉得马丁先生配不上自己的朋友——她这么做，不是为了哈丽特着想，只因为哈丽特是*她*的朋友。同样，她明知道贝茨小姐和她的老母亲很孤独，日子过得紧巴巴的，如果她能时不时地主动登门拜访，会让她们高兴一整天，但她就是不愿意，就算去了，也总是尽快找个借口脱身。简·费尔法克斯，贝茨小姐的外甥女，聪明、有才华、和蔼可亲，和爱玛年龄相当，每年都会来海伯里住上几个月，爱玛却尽其所能地避免和她接触。毕竟，卑微的贝茨小姐的亲戚，不配与高贵的爱玛·伍德豪斯为伍。

爱玛对周围人不屑一顾，终于让她栽了一个大跟头。爱玛家庭教师的继子弗兰克·丘吉尔来海伯里拜访。弗兰克活泼漂亮,有一点坏,对爱玛百般奉承,搞得爱玛头都大了。时值夏天,大家一致同意出门野餐——爱玛,弗兰克,哈丽特,简,贝茨小姐,埃尔顿先生——每个人都重要。到了目的地,爱玛和弗兰克调情过了头,其他人全都坐着沉默不语。弗兰克想出一个好办法,要大家逗大小姐开心。"大家一共是七个人,"弗兰克说,"她只要求你们每个人,要么来一段绝妙的话,要么说两段还算巧妙的话,要么说三段着实笨拙的话。"可怜的、人畜无害的贝茨小姐很有自知之明,知道自己不招人待见。"啊!那好,"她嚷道,"那我就不必担心了。'三段着实笨拙的话',你们知道,这正对我的口味。我一开口就能说三段笨拙的话,难道不是吗?"

就是这个时候,被弗兰克的奉承和与生俱来的优越感冲昏了头脑的爱玛终于撞上了南墙,她说:"啊!小姐,那可有点难。对不起——数目上有限制——一次只能讲三段。"这话说得残忍无情,令人震惊,从贝茨小姐的反应可以看出事情有多糟糕:

> 贝茨小姐被她那装模作样的客气神态蒙住了,没有马上领会她的意思。可是一旦醒悟过来,虽然不好发火,脸上却微微一红,可见她心里很难受。
>
> "啊!是呀——那当然。是的,我领会她的意思了,

我就尽量闭口不语。我一定非常惹人讨厌，不然她不会对一个老朋友说这样的话。"（第三卷第七章）

也就是这个时候，我才终于明白奥斯丁一直以来都在做些什么。我意识到，爱玛的残忍——我轻易就能对之做出批评——不是别的，正是我自己的镜像。小说让我们心生种种无聊和蔑视，这并不是奥斯丁笔力孱弱的标志，我们的这些感受正是她要的反应。她挑起我们的这些感受，就是为了让它们暴露无遗。如果处在爱玛的位置上，我也会像她那样说话做事。通过创造这样一个女主人公，奥斯丁让我看到了我自己丑陋的一面。如果不能自我批评，我就没有资格批评爱玛瞧不起贝茨小姐，也没有资格指责她厌倦海伯里这个平凡世界。

我意识到，奥斯丁写日常琐事，不是因为她没有别的东西可写，而是因为她想要告诉我们这些日常琐事真的很重要。所有的鸡毛蒜皮，并不是进入正题前的铺垫，鸡毛蒜皮*本身就是正题*。奥斯丁并不肤浅可笑，而是相当相当聪明，比我想象的要聪明得多。

我开始用一种截然不同的思路重读这部小说。伍德豪斯先生的陈词滥调，贝茨小姐的絮叨独白，还有所有的闲言碎语，奥斯丁把这些东西写进小说以示自己对笔下人物的尊重，而不是因为她想要我们看不起他们。她愿意听他们说话，也希望我倾听他们说话。只要我将这些段落视为铺垫，想要尽快翻过，这些段落就枯燥得令人难以忍受。但一旦我开始放慢速度，郑重其事，它们就有了自己的重量、尊严和甜美。

简·费尔法克斯的信和它藏在了哪里，小约翰和小亨利的聪明可爱，这些事情都重要，因为它们对人物本身来说很重要。这些事情是他们生活的肌理，让他们的存在变得有滋有味。现在，我懂了。奥斯丁去掉了通常读小说时吸引我们注意力的那些喧嚣的大事件——冒险和私通，罗曼蒂克和危机，甚至还有情节——要我们关注小说或生活中那些不被人留意、得不到足够尊重的事情，要我们关注那些鸡毛蒜皮，那些我们生活中每时每刻的日常琐事：侄子说了什么，朋友听到什么，邻居做了什么。她告诉我们，这些事情就是时光的质地，这些事情才是生活的真谛。

其实爱玛也知道这一点，她只是不知道自己知道而已。奥斯丁写道，爱玛觉得"周围再没有别的人"能像自己的家庭教师韦斯顿太太那样，可以和她"如此毫无保留"地倾心交谈：

> 周围再没有别的人，对于她父亲和她自己的种种琐事、安排、烦恼和快乐，可以像这样愿意倾听，善解人意，而且总是很感兴趣，总能心领神会。她讲到的哈特菲尔德的事情，没有一件不是韦斯顿太太认真关心的。私人

生活的日常快乐本来就离不开所有这些琐琐碎碎的小事
情，滔滔不绝地就此说上半个钟头，也是两个人觉得十
分满意的一个原因。（第一卷第十四章）

爱玛总是找错了方向。她心是好的——最后我原谅了她，
好心最终也拯救了她——但她忙忙碌碌的脑袋瓜子让她误入了
歧途。在她出谋划策、梦想自己的梦想时，她的"日常快乐"
其实就在她眼前，就是日常生活每时每刻的那些"琐事、安排、
烦恼和快乐"，就是生活中的每一点、每一滴。

小说用一个词来形容日常生活的这种闲聊质地，隔三差
五我就能碰到这个词。"很多小细节"，"我迫不及待想要知道
各种细枝末节"，"她会告诉你全部细枝末节"。不仅仅是"细
节"，还是"小"细节、"细枝末节"（minute particulars）。在
"小"这个层面上过日子。实际上，现在我还发现，小说引人
注目的正在于很多事情都是"小"事情。"小细节""琐事、安
排、烦恼和快乐"。哈丽特·史密斯总是"娇小"的。她的朋
友马丁家有"一头韦尔奇小奶牛，真是一头漂亮的韦尔奇小奶
牛"，花园里有一座小凉亭，坐得下十二个人。（第一卷第四章）
故事全都发生在海伯里一带，空间本身似乎压缩在一个小的结
构框架内。爱玛家离韦斯顿太太家只有半英里远，但却渲染得
像是一场艰难的长途跋涉。《爱玛》全书共四百多页，整体规

模却很小, 像是微缩模型上雕刻的拥挤场景。

如果看不到奥斯丁摆在我面前的这个世界的重要性, 那只能说全是我的错。现在, 我明白了, 和所有的好老师一样, 她让我们走近她。她说的是重要的真理, 但她把真理隐藏在谦卑的包裹里。她的 "小" 是视觉错视, 是一种考验。耶稣说话爱用比喻, 门徒不得不想方设法理解他。因为耶稣知道, 获取真理没有其他途径。奥斯丁还让我想到柏拉图说他的导师苏格拉底也爱用故事来讲道理:"如果你要听苏格拉底谈话, 开头你会觉得顶可笑。他谈的尽是扛货的驴子哟, 铁匠哟, 鞋匠哟, 就连一个无知的或愚笨的人听到, 也会传为笑柄。但是剖开他的言论, 往里面看, 你就会发现它们骨子里全是道理, 而且也只有它们才是道理; 然后你会觉得他的言论真神明。"

奥斯丁的话, 包括她对她笔下人物所说的话, 一开始我也觉得很可笑。我习惯了当头棒喝式的宏大风格: 乔伊斯的句法迷宫, 纳博科夫的晦涩词汇, 海明威剔肉见骨的简朴。面对《爱玛》开场不久后的这段话, 我该做何感想呢?

伍德豪斯先生喜欢按他自己的方式与人交往。他更喜欢他的朋友们过来看他, 而且种种原因凑在了一起: 他是哈特菲尔德的老住户, 他脾气好, 他有钱有房, 他还有个女儿，所以很大程度上他可以按他自己的心愿，让那个小圈子里的人过来看他。他跟这个小圈子以外的人家就不大交往了；他害怕熬得太晚，害怕晚宴人多，这就使他只适合接待肯按他自己的情况过来看他的熟人了。（第一卷第三章）

没有隐喻，没有形象，没有抒情意味。也很不像写作。除了几个略微有些年头的单词外，这一段描写更像是说话。

于是乎，我开始更仔细地阅读这段话。用奥斯丁那个时代的话来说，伍德豪斯先生是个体弱多病的人，或者说是个职业病人。没有人比他更虚弱无力了。但是，奥斯丁只用了三个句子，以最含蓄的方式，就刻画出了一个挟病自重的人的形象。这段话不到一百字，指代伍德豪斯先生的人称代词就多达十七个（每五个单词就有一个）："他"（主宾格）、"他的"、"他的"钱、"他的"房子、"他的"女儿。可以说，一切都是"他的"。这段话以他的名字开头，段中每句话的结尾都在确认他的权力。他做事"按他自己的方式"，"按他自己的心愿"，"按他自己的情况"。

现在，我看出来了，这就是奥斯丁所有语言的运作方式。不费劲，不炫耀，不语不惊人死不休。家常话是什么样就什么样——这种语言本来就毫不起眼，但又像呼吸一样自然涌动。不是奥斯丁所用的字词营造出她想要的效果，而是她使用这些字词的方式，是她排列组合它们的方式。而且，她还用同样的方式来安顿她笔下的人物。一千个作者都能写出普通人日常生活的小说，但《爱玛》只有一部。奥斯丁的人物活了，有意思多了，因为她正是用她安排字句的方式把他们写到了纸上：不居高临下，不抱歉，只用生花妙笔做出安排。用简·费尔法克斯来平衡爱玛，用哈丽特·史密斯来平衡贝茨小姐，用埃尔顿先生来平衡马丁先生，每个人相互衬托，让整个故事活泛起来，创造出像现实生活一样自然的场景来。结构框架小不重要，因为它包含的是整个世界。

事实证明，凡是读过简·奥斯丁的人，他们的反应都和我一模一样。早期的评论文章警告读者说她的故事很"琐碎"，"没有大变化"，"相当缺乏"想象力，并且"完全没有创造性"，"几乎没什么情节"，所以很难让人概括其主要内容。奥斯丁喜欢收集家人、朋友对自己作品的看法，她曾记录某位吉顿太太说《爱玛》"太真实了，没有看头"。斯达尔夫人，法国著名知识分子，称奥斯丁的作品"通俗"（vulgaire）。此言一出，奥斯丁拒绝出席某个伦敦晚宴，错过了与这位可敬的当代同行碰面的机会。奥斯丁知道，自己的作品也不是写给任何人看的。谈到《傲慢与偏见》，她套用某首诗说："我不为那些无趣的精灵写作，他们自己也没有多少独创之处。"她知道，《爱玛》是她最有挑战性的一部作品。在准备写作这部小说之前她就说:"我要写的这个女主人公,除了我自己,没有人会喜欢她。"

但是,从一开始,就有敏锐的读者认出了她隐藏的才华。说得最中肯的非沃尔特·司各特爵士莫属。司各特爵士是当时的文坛领袖,著名的史诗作家和畅销历史小说《艾凡赫》《惊婚记》的作者,他公开赞誉奥斯丁的过人之处:

> 那位年轻女士,在描绘日常生活中的琐事、情感和人物方面很有才华,这是我见过的最妙不可言的才华。我可以像周围其他人一样以大吼大叫的方式写作,但这种让平凡人、平凡事变得生动有趣的细腻笔法,却是我所欠缺的。

还有一位批评家说,那些觉得奥斯丁的"可取之处"不过是"能让小说人物像他们每天遇到的那些人一样说话做事"的读者,不懂得最高的艺术手法就是像莫扎特、伦勃朗那样隐藏艺术手法。这位批评家开玩笑说,这些读者搞不明白大家为什么交口称赞某个著名演员,他们只觉得这个演员"不过是在舞台上表演现实生活的本来样子而已"。

奥斯丁的名气慢慢变得越来越大。但到了19世纪末,对她的看法只有两个极端:不是喜欢她,就是讨厌她。马克·吐温，著名的反奥斯丁斗士，诅咒说读奥斯丁让他觉得"像是酒保进了天国"。他奚落某个奥斯丁迷说："真是太遗憾啦，他们竟然让她享尽天年。"他还对一个朋友说："每次读《傲慢与偏见》，我都想把她挖出来，用她的胫骨打她的脑壳。"

不过，如果你喜欢她——如果你"懂"她——你会觉得像是加入了一个秘密俱乐部，这个俱乐部有自己的密码、特殊的暗号，还有入会等级。用某个作家的话来说，这是一种信条，"像宗教一样狂热"，能够"真正欣赏《爱玛》"——她最精微的作品——是"成为她的国度的公民的最后一关"。吉卜林，也是这个国度的公民，他用短篇小说《简迷》（*The Janeites*）描述了这种现象。小说讲述的就是一个发生在第一次世界大战战壕里的奥斯丁崇拜故事。"简？"小说主角、头脑简单的老兵亨伯斯托说道：

> 为啥，她是个小老姑娘，一百多年前写了六本书。对他们来说这不是个事儿。我晓得。我就是非读不可嘛。它们不刺激，不荤不黄，也说不上有趣——都是些十七岁的女孩儿，拿不定主意嫁给哪个人，跟哪个人跳舞啦、打牌啦、出去野餐啦，年轻的兔崽子们只想着骑马去伦敦理发刮胡子（《爱玛》中的弗兰克·丘吉尔就是这么干的）。

不过，一旦亨伯斯托被兄弟会接纳——"那可是个小团体，得真心是简迷才行"——他就开始发现了奥斯丁的真正价值："就为了高兴，我在商店里读完了她的全部六本书。相信我，兄弟，就算再糟糕，也没人动得了简。不管她是谁，上帝保佑她。"

《爱玛》首篇书评的作者不是别人，正是沃尔特·司各特爵士。他说，如果看不出这部小说描写日常生活的价值，如果觉得小说"什么事也没有发生"，那只是因为你太习惯读那些太多事情发生的小说了。奥斯丁生活在垃圾小说的大时代：哥特小说、感伤小说、艳情小说——倾圮颓废的城堡，嘎吱作响的房门，密道；美若天仙的处女和心怀叵测的诱奸者，刺耳尖叫、泪流成河、马上狂奔、扣人心弦的逃亡；沉船，奄奄一息，绑架，告白；贫穷，苦难，强奸，乱伦。当然，最后一分钟，承蒙作者开恩和一大堆巧合，大团圆结局。

奥斯丁年轻时就爱拿这类胡说八道开涮。她的少作——为喜欢文学、喜欢娱乐的大家庭写作的讽刺短剧和小品，有些作品写作时还不到十二岁——都是对这类流行垃圾读物的尖刻戏仿。两个年轻的女主人公，像套路故事所写的那样多愁善感，"相继昏倒在沙发上"。干草垛下面发现一个女婴，不仅毫发无损，还能张嘴说话。年轻男子"漂亮得让人头晕目眩，除了老鹰，没有人看得见他的脸庞"。人们动不动就陷入爱河，孩子偷走父母的积蓄，还有人接二连三发现失踪已久的四个孙子。

换句话说，在写作关于日常生活的小说时，奥斯丁清楚地知道自己在做什么。这不是什么默认模式，她不是想都没想、自然而然就这么做了。这是一种革命性的艺术选择，是对文学惯例和阅读期待的勇敢反抗：难怪那么多早期读者不能理解她，难怪用了很长时间她的名声才得以确立。

她所做的，还不仅仅是拒绝她那个时代的文学套路。她自己的生活看起来平淡无奇：住在英国乡下的某个安静角落，终身未嫁，离家从未超过一百英里，三十五岁才出版第一部小说，六年后去世时还和母亲、姐姐住在同一间房里。但她的确经历了很多戏剧性的事件，这些事件既是全球性的，也与她的家庭密切相关。她出生的 1775 年，美国独立战争爆发；十多岁时，法国大革命爆发；成年后，则是拿破仑战争——英法两国长达二十五年的史诗般较量，战争顶峰滑铁卢战役发生在她去世前两年。她的生活，还与英国征服印度最具活力的时期亦即大英帝国的崛起期相重叠。

这些事件看似远离她的平静生活，但其实与她有着密切关系。她父亲的妹妹，聪明漂亮，有一个很引人注目的名字：费拉德尔菲亚。像当时很多姑娘一样，她年轻时去了印度，从那些野心勃勃想在新兴殖民地淘金的年轻英国人中找到了自己的丈夫。她不仅找到了一个丈夫，可能还找到了一个情人。这个情人就是沃伦·黑斯廷斯（Warren Hastings），才华横溢的年轻官员，即将成为首任印度总督，印度殖民史上最重要的人物之一。后来，奥斯丁家族和黑斯廷斯家族一直关系密切。费拉德尔菲亚结婚八年都没有生育，在遇到丈夫的新生意伙伴后，两年内就生下了女儿伊莱扎。伊莱扎与黑斯廷斯夭折的女儿同名。鳏夫黑斯廷斯，像教父一样对待伊莱扎，后来给了她很大一笔钱（共一万英镑），还把自己年幼的儿子送回英国，交给费拉德尔菲亚刚结婚的哥哥抚养，也就是简·奥斯丁的父亲。

奥斯丁不知道这个男孩，因为几个月内男孩就死于白喉。但她的确很熟悉她的堂姐伊莱扎，伊莱扎的故事很不一般。伊莱扎三岁时，费拉德尔菲亚夫妇回到了英国。伊莱扎十九岁时，长成了一个活泼美丽、风情万种的大姑娘，嫁给一位法国伯爵，得到了一个迷人的名字卡波特·德·弗伊德（Capot de Feuillide）。几年后，也就是奥斯丁十岁时，伊莱扎带着她法国故事、法国时尚的所有光环突然来到沉闷的奥斯丁牧师家。虽然年龄上有差距，这对堂姐妹却建立了深厚的友谊，直到伊莱扎离开人世。

与此同时，担任英属印度总督十二年之久的沃伦·黑斯廷斯回到英国，因涉嫌腐败被下议院弹劾，卷入了当时最引人瞩目的审判。磨人的审判拖了七年之久，奥斯丁家坚决站在恩主这一边。黑斯廷斯最终无罪开释时，伊莱扎又被法国革命裹挟。丈夫失去了财产，伯爵夫人（她喜欢别人这么称呼她）不能回到法国。最后，伊莱扎可能在奥斯丁家避难，伯爵则被送上了断头台。伊莱扎与奥斯丁家走得很近，不久她就嫁给了比自己小十岁的奥斯丁的哥哥亨利。

拿破仑战争与奥斯丁家的关系更为密切。奥斯丁的两个兄弟（她一共有六个兄弟）加入海军，这是英国人最自豪的部门，也是他们的第一道防线：大她一岁的哥哥弗兰克，小四岁的弟弟查尔斯。弗兰克航行到远东，在地中海作战，二十六岁成为舰长，差一点点就赶上了特拉法加大捷（太遗憾了），但他曾在大西洋上追击法军，并在最后一次大海战圣多明各战役中发挥了主导作用，后来还在 1812 年美英战争中和美国人作战。查尔斯，事业生涯不太走运，但也经历过风浪，他曾追踪两百英里击沉一艘法国军舰，在风暴中用一艘小艇俘获一艘法国军舰，在拿破仑逃离厄尔巴岛时猎杀过皇帝的同盟军，还在爱琴海与希腊海盗作战。不用说，奥斯丁紧张地关注所有这些事情——通过信件、传言、新闻报道，还有两兄弟回家休假时讲述的故事。

邻居们的故事也同样丰富多彩。如奥斯丁的传记作家克莱尔·托玛琳（Claire Tomalin）所言，这些人中有"战争英雄、贵族私生子、家道败落的乡绅"，还有"原籍外国的能干的工厂主"。朴茨茅斯勋爵是个低能弱智的贵族，对葬礼和屠宰场有着骇人的品味。在首任妻子去世后，他受骗娶了自己律师的女儿（拜伦勋爵是证婚人，但他似乎不明白发生了什么事），而她很快就解雇了用人，鞭打虐待丈夫是家常便饭——的确很"哥特"。

印度和法国的传说故事，海上冒险和上流社会的丑闻，对任何寻找素材的小说家来说都可谓天赐大礼。但奥斯丁带着礼貌的微笑把这些东西全都放在了一边。比起沃伦·黑斯廷斯、卡波特·德·弗伊德伯爵夫人伊莱扎来，奥斯丁更愿意写伍德豪斯先生、哈丽特·史密斯这些人。她不写拿破仑战争和私刑折磨，而是选择牌局、乡村野餐可能的戏剧性。她知道自己在做什么，坚持自己的道路，拒绝任何诱惑。《爱玛》献给了摄政王——应摄政王本人之请，他在父亲乔治三世年老时摄理政务——奥斯丁发现摄政王的图书管理员兼对外联络人詹姆斯·斯坦尼尔·克拉克先生对自己提出了一个建议。（摄政王当然不会亲自和奥斯丁打交道，就算她是他最喜欢的作家之一。）克拉克先生是个傲慢的牧师，他自作主张，建议奥斯丁写一本书——成功作家常常会面临类似苦恼——"任何以庄严雄伟的科堡王朝的历史为题材的历史传说"，这个德国贵族家庭的小儿子即将迎娶摄政王的女儿，"一定会很有意思"，克拉克好意解释说。

奥斯丁回答说：

> 我完全明白，写一部历史传奇可能会比我现在写的描绘乡村家庭生活的作品带来更多的收益和名气。但是，除非是为了保命，我可不愿意正襟危坐写一部正经八百的传奇故事。如果非写不可，如果不能放松地自嘲嘲人的话，我敢肯定，不等写完第一章，我就上吊死了。不，我必须坚持我自己的风格，走我自己的路。

她自己的路，就是把自己生活中吸引她注意力的那些事情变成艺术。没有人比姐姐卡桑德拉与她更亲近的了，奥斯丁去世前她们一直住在一个房间里。不在一起的时候，姐妹俩写了几百封信，信里全都是奥斯丁巧妙地写进她小说里的那种家长里短：

> 昨天玛莎和我在迪恩用餐，见到了波尔列特夫妇和汤姆·丘特……波尔列特太太花了不少钱，却几乎穿不到身上去；——我们从判断她的蕾丝花边和细棉布中得到了满足（换句话说，猜她花了多少钱）；她说的话，不能带给我们太多乐趣。——约翰·莱福特太太对守寡非常非常高兴，甚至愿意再守一次寡；——她就要嫁给一

位芬多先生了……这个人很有钱，但比她老多了。

你怕是想不到有人会请*我*跳舞——是真的——就是*那个星期天*我们和德奥弗尼上尉在一起时见过的那个绅士。后来，我们一直是点头之交，我喜欢他的黑眼睛，舞会上我和他交谈，让我觉得自己还在文明社会；但我不知道他的名字——他似乎不太会说英语，我觉得黑眼睛可能是他身上最好的部分了。

桌子送到了，总体还算满意……它们都盖着绿呢布，让人看着就特别喜欢。——折叠桌最后成了餐边柜……——以前立在那里的小桌子，自然也就搬到了最好的卧室里……——这个话题说得够多的了；现在我该说另一个非常不同的话题了，别的话题都太容易……

诸如此类，连篇累牍都是机智、蠢事、好心情、家事、礼服、天气、舞会和感冒。和姑妈、堂姐、兄弟相比，甚至和很多人相比，简·奥斯丁的生活可能*看似*平淡无奇。她的天才始于意识到像她自己这样的生活也是同样重大的——每一种生活都重大，只要你懂得如何看待它。*她*不觉得自己的存在是平淡的、琐碎无聊的，她觉得是愉快的、迷人的，她想要我们看到自己的生活也同样如此。她知道，填满我们日子的那些东西会填满我们的心，填满我们心的那些东西会填满我们的小说。

我用了很长时间才明白所有这一切，但我也有一个很好的借口。毕竟，我是个男的嘛。没人教过我们要留意那些"细枝末节"。人们说，女人才八卦。"细枝末节"这个词本身就是女性化的、贬损的、琐碎的。就像爱玛和韦斯顿太太、简·奥斯丁和卡桑德拉那样，女人本就该花上半个钟头或者超过半个钟头和闺蜜聊每一件小事。我们应该像个男子汉一样保持沉默，或者只是客观地就事论事，换句话说，聊女孩、装备、运动，如果太把自己当回事的话，就聊政治和公共事务。

在奥斯丁的时代，情况也是一样，她用"细枝末节"这个词的方式就突出了这一点。奈特利先生，爱玛家的朋友，告诉女主人公关于哈丽特·史密斯的一些趣事。但是，当爱玛追问史多有趣的细节时，奈特利先生举手投降，带着男子汉的恼怒说道："等你见到你的朋友哈丽特，她会把来龙去脉讲得清清楚楚，她会告诉你所有的细枝末节，这些事情只有女人的语言讲起来才有趣。——我们谈话只说些大关节。"（第三卷第十八章）

"大关节"是个玩笑话——奈特利先生没那么自大——但除此之外，他说的也是真心话。女人喜欢讲"来龙去脉"，喜欢长故事，男人不这样。读到这个场景时我意识到，奥斯丁知道这一点，但她比奈特利先生知道得更多。小说快结束时的这几页描写让我明白，奥斯丁是借奈特利先生之口说出自己的文艺理论，并宣告自己的艺术胜利。"女人的语言"——日常交流用语——正是《爱玛》所用的语言，让细枝末节变得趣味横生正是奥斯丁所做的事。她告诉我们这些个人私事的来龙去脉，用她在书中早先所说的话来说，告诉我们"女人的友谊和女人的情感"（第一卷第八章）的来龙去脉。她跟我们说了四百页的家常话，当我们是她的闺蜜，告诉我们种种"琐事、安排、烦恼和快乐"，我们倾听、我们理解，因为她总是很有兴趣，而且总是善解人意。

换句话说，她让我们看到，像女人那样观察、思考、说话意味着什么。遇到奥斯丁以前，你要说这些事情值得我花时间，我肯定会觉得太可笑了。实际上，上个学期，在另一门课上，我还得意地高声表达过一个普通男人对"妹子文学"（chick lit）的看法呢。那是一门通俗小说研修课，老师是个很有男子气概的大教授——长得像老年克拉克·盖博，身高六英尺三英寸，烟熏哑嗓子——跟我们讲爵士乐时代他在村子里闲逛、被诺曼·梅勒当胸打了几拳的故事。经历了几个星期男孩气的快乐——《弗兰肯斯坦》和《德古拉》，夏洛克·福尔摩斯和埃德加·爱伦·坡，《我，陪审团》和《马耳他之鹰》——我们读到了达芙妮·杜穆里埃的《蝴蝶梦》（后来被希区柯克改编为电影），如假包换的"妹子"小说。刚开始讨论，教授就看出课堂上气氛沉闷。"怎么回事，"他问我们，在座的男生居多，"不喜欢？""我不知道，"我说，我总是第一个站出来发言，"我真的投入不了，感觉有点，呃，少女气。"男同学都低声赞同我的说法，但有个女同学指出，女性总是学着跨性别去认同男主人公——没办法呀，我们看到的文学作品大多都这样——男人却只需要去认同其他男人。

但是，仅仅过了几个月，我就全身心地痴迷于天底下最女生气的小说家、"妹子文学"的教母。奥斯丁让我看到像女人一样做事意味着什么，让我明白为什么值得这么做。她教我倾听伍德豪斯先生、贝茨小姐这些人说了些什么，不只是因为他们和其他人一样值得尊重，也不只是因为他们的情感真挚深沉，而是因为我真的可能从他们身上学到一些很重要的东西。的确，一旦开始注意这两个人，我就慢慢明白，不管他们有多可笑，他们都很有智慧，分别代表了小说想要告诉我们的道理。

伍德豪斯先生或许太过于关注健康和饮食了——"贝茨太太，我劝你大胆吃一只鸡蛋。煮得很嫩的鸡蛋是不会损害身体的。塞尔煮鸡蛋比谁都煮得好"（第一卷第三章）——但这是因为他真诚地体贴关心周围人的身体健康。这位"心地善良、彬彬有礼的老人"，"用他最和气的礼节"对贝茨小姐的外甥女简·费尔法克斯说道：

费尔法克斯小姐，听说你今天早上出去淋了雨，我感到很不安。年轻小姐应该注意保重身体。年轻小姐都是些嫩苗，要保护自己的身体和皮肤。……你外婆和姨妈也都好吧。她们都是我的老朋友了。我希望我的身体允许我做一个更好的邻居。你今天能来，真给我们脸上增光了。小女和我都深知你是个好人，能在哈特菲尔德看到你，我们高兴极了。（第二卷第十六章）

太甜蜜了，这是书中最动人的场景之一。而且，说到单纯的人性之善——关心别人的感受，爱玛显然没有做到，我自己也一头雾水——你是不可能不赞同的。

至于贝茨小姐，她活出了小说想说的核心道理。奥斯丁是这样介绍贝茨小姐的：

她无声无息地度过了青春年华，到了中年，就一心一意侍奉年迈的母亲，还要精打细算，尽量让菲薄的收入多派些用场。不过，她却是个快乐的女人。她爱每一个人，对每一个人的幸福都很关心，洞察每一个人的优点。她觉得自己是天底下最幸运的人，简直就是身在福中。（第一卷第三章）

应有尽有的爱玛，却永远不满意自己周围的世界。我也一样，总是愤愤不平，活得惨雾愁云。反倒是贝茨小姐——勉强维持生计，面临孤独的晚年，全仗别人的好意——却是快乐的那一个。如果说她滔滔不绝的全都是些鸡毛蒜皮的小事情，那也只是因为，就像奥斯丁本人一样，她觉得自己周围的每件事都很有趣。

关注"细枝末节"，就是要在时光流逝的时候、在时光流逝之前关注你的生活。但又不仅止于此。谈论每天发生的种种琐事——不仅仅是谈论，还要一说再说；同一个故事，简短地说，完整地说，在这个屋子里说，在那个屋子里说——《爱玛》中的人物所做的，不过是让自己依恋生活而已。他们编织社交网络，每次都用话头编织。他们一边说话，一边创造了这个世界。

这里，爱玛再次遇到了麻烦。当然，她喜欢和她特别的朋友韦斯顿太太聊天，但只要贝茨小姐张开嘴，她就恨不得拔腿便走，简·费尔法克斯的来信让她觉得生不如死。爱玛是这一带最聪明、最漂亮的人，比周围人更有钱、出身更好，她认为自己应该过上比海伯里更有趣的生活。像个糟糕的读者一样，她想要刺激和冒险，但她的所作所为最终让她与周围人格格不入，也让她与自己格格不入。《爱玛》的有趣之处在于，我们这位相信自己很有眼力的女主人公总是成事不足、败事有余，至于为什么会这样，那就一点也不有趣了。和我一样，她就是麻木不仁。她不懂自己的感受，也不知道自己想要什么。

但爱玛最终明白，日常生活不仅比她所能想象的要更快乐、更有戏剧性，也比她*谋划*或白日梦想的那些东西更快乐、更有戏剧性。她不过是在用那些东西玩弄情感而已。老一套的沉闷乏味的琐碎日常生活，才是情感真正的栖息地。明白了这一点，她也就明白了自己应该嫁给谁，我也就明白了原来这就是小说一直以来的发展走向。原来奥斯丁真的*考虑*过女主人公的爱情前景，只不过这层心思埋藏得极深。《爱玛》不缺情节，其情节设置得特别聪明，谜底直到最后一刻才揭晓，刹那间，分散的各个部分变得井然有序，铁屑尽被磁石吸附。

对于爱玛而言，生活终于变得真实起来了。读她的生活，我自己的生活也变得真实了。梦游般的日子一去不复返了。读《爱玛》，学会像哈丽特·史密斯、简·费尔法克斯等人那样认真对待自己的生活——不是大家都乐意认同的男女主人公的非凡生活，不是读起来很过瘾的上层名流的光鲜生活，也不是我碰巧结识，但并不是很熟络的哪个大人物的精彩生活（认识大人物总会让人觉得很有面子嘛）——而是普通人的日常生活，这种生活很重要，原因只有一个，这才*是*生活。这让我终于开始认真对待自己的生活了。

不是说我没有认真对待过我的计划和远大抱负，我当然是认真的。我没有认真对待的是我生活中的小事情、情感的小时刻，而这些才是我生活的真正组成部分。我不是乔伊斯笔下的斯蒂芬·迪达勒斯，也不是康拉德笔下的马洛，我是爱玛，我是简·费尔法克斯，我是贝茨小姐。我不是叛逆者，我是个傻瓜。我并没有光荣孤立地飘在芸芸众生头顶百万英里的高空中，我是芸芸众生的一员。我就是个普通人。这意味着，我是个人。

我第一次开始认真对待自己的生活，我也开始认真对待这个世界。我再次惊讶地发现，我竟然从来没有认真对待过这个世界。我不是经常操心大事情吗？——政治，社会公正，未来。我不是花了很多时间和朋友们讨论应该如何搞定这些大事吗？但最终，所有这些谈话都只是理论上的，就像爱玛决定安排周围人的生活一样，其中并没有什么真情实感。奥斯丁教给我一种新的道德严肃性，并让我明白这种道德严肃性意味着什么。它意味着为小世界而不是大世界负责，意味着对自己负责。

读着《爱玛》，我的生活开始有了一种前所未有的重量感。这是最令人震撼的时刻之一，你看着身边的世界，然后第一次看见了它，感觉到了它存在的真实性，而不只是一堆概念：水真的是湿的，天真的是蓝的，这个世界真的是我们的唯一。弗吉尼亚·伍尔夫，简·奥斯丁最敏锐的读者，其《达洛卫夫人》中的达洛卫夫人说道："即使活一天，也非常、非常危险。"不是因为生活是危险的，而是因为生活是重大的。

我对文学的看法，和我对其他事情的看法一样，不外乎是能遵循这类启示生活。被供奉在现代主义的神坛上，姿态高傲、从哲学意涵上看理念宏大，我原以为伟大的文学作品必须是令人生畏的、晦涩难懂的：到处是炫耀作者学问的典故，必须像拼大七巧板一样把那些密集的意象和象征拼接起来。真正有价值的作品，其揭示的真理必须像形而上学一样深奥，像《圣经》一样是最后的判决，必须要揭示语言、自我或时间的本质。现代主义是高等人的高等艺术，恐怕也是最势利的文学运动。难怪我蔑视芸芸众生；我的这种态度源自 T.S. 艾略特、弗拉基米尔·纳博科夫，他们作品的字里行间都流露着对普通人的蔑视。《爱玛》驳斥了伟大的艺术都是困难的观念，同时也推翻了思想观念是用来辩护的态度。

那詹姆斯·乔伊斯的《尤利西斯》呢？这部杰出的现代主义小说，从根本上塑造了我的读者身份。任何英语专业出身的人都会说，《尤利西斯》也赞美日常生活呀。乔伊斯试图用日常生活创作一部在艺术性和规模上可与代表西方文学巅峰的荷马、维吉尔、但丁的伟大史诗相媲美的作品。这部小说的中心人物，不是阿基里斯、奥德修斯这样的英雄，而是利奥波德·布鲁姆，一个犹太广告推销员、一个不中用的人、戴绿帽子的人、孤独者、失败者，这就是乔伊斯所能想到的最不起眼的人了。小说史诗般的宏大，源于乔伊斯从书名起就围绕布鲁姆构筑的象征结构。布鲁姆自己都不知道，就成了当代的尤利西斯。他在都柏林一天的经历，是他的原型人物在神怪间游走十年的缩影。

姿态是令人振奋的，甚至是高贵的。像奥斯丁一样，乔伊斯说每个人的生活——是的，我们每个人的生活——都有自己的史诗性。但是，《尤利西斯》不能像《爱玛》那样让我明白这一点，其原因就在于他的言说方式。那些象征结构是强加的，乔伊斯的艺术手法是炫耀性的，最后你会觉得布鲁姆的重要性与布鲁姆本人毫无关系，一切只与他的创造者有关。布鲁姆的袍子是借来的，值得我们注意的不是他的生活，而是对他的生活的艺术处理。布鲁姆的故事，突出的是乔伊斯本人的形象——一个无与伦比的艺术家，而不是每个人。从这个角度看，《尤利西斯》传达的信息正好与奥斯丁相反。日常生活是重要的，只是因为乔伊斯能够让它变得重要。你的生活压根儿就不重要。

说来也巧，有人想要告诉我说她听来的某种理论：《爱玛》——评论界一致公认这是奥斯丁最伟大的作品——本身就是奔着史诗去的，奥斯丁以细腻的手法追摹高级的史诗传统，一个世纪后的乔伊斯则想高调地跻身于这一传统；野餐那一幕，爱玛栽了大跟头，从道德层面说，是小说版的英雄坠入了地狱，这也是西方史诗的一个核心惯例，等等，等等。注意，对我转述这种说法的还是个奥斯丁迷。在她看来，这种理论把她喜欢的作家提升到了大人物的地位。但对我来说，这完全没有抓住奥斯丁的重点，从某种意义上看，甚至可以说是对她的贬低。我们不需要假装奥斯丁的小说是乔装打扮的史诗，它们本身就有很高的价值，不需要刻意抬高。她不需要跟大人物玩同样的游戏。她那小小的女性游戏，每一点、每一滴都是好的，都是宏大的。奥斯丁就每一天*本来的*样子赞美每一天，用不着借重乔伊斯、现代主义、史诗原型或整个史诗传统资源库的荣光。她给我们的，如果你愿意去看的话，*就是*日常生活的每一天，没有丝毫夸大。*就是*小说，不需要借口。就是些个人小事，不需要抱歉。

既然读过了《爱玛》，我的生活还有一件事需要做出改变：我和周围人的关系。一旦我第一次睁眼看自己，我也第一次睁眼看*他们*。我开始注意他们，关心他们，事实上，我完全被他们的感受和他们的经历迷住了。我生活里的人开始像文学形象一样有了深度、丰富多彩，他们的故事也像小说一样充满了魅力。交谈时，我几乎能够体会到他们的感受了，在他们试图向我表达他们自己时，我也能触摸到他们的轮廓了。现在，我周围的生活不再沉闷，不再影影绰绰，而是鲜活的、重要的。每件事都有趣，每件事都意味深长，每次聊天都有潜在的启发。

我的耳朵第一次竖起来了。突然之间，这个世界比我想象的更大更满，屋子里有上千个房间打开门供我探索。

最重要的是，我开始注意周围人的感受和经历与我有什么关系，注意我的言行举止对他们会有什么影响。天哪，天哪，竟然有那么多事情让他们觉得很不爽。如果漠不关心，你极有可能伤害他们。现在我知道了，如果我想要交到真正的朋友，或者说，与我的朋友们建立起真正的友谊，我得做点什么才行。总之，无论如何，我该学着不做一个被动防御、见招拆招、自我封闭的混蛋了。

那段时间，我曾跟一个朋友聊天。她是我大学时期的女朋友，我知道自己当时对她并不太好。她跟我说她一个朋友的事，觉得他们两人最近的关系不像以往那么亲密了。她的这段关系显然比过去跟我在一起的时候要亲密得多，我越听越气，最后忍不住打断她。"好吧，"我说，"什么才叫作亲密？"这不是个反问句。我突然意识到这个问题太重要了，而我并不知道答案。太悲哀了，这么多年了，这么大的一个问题摆在那里，我却看不到，也不知道从何入手。于是，满怀困惑失落的我接着问道："*我们*亲密吗？我们*现在这样*算是亲密吗？"我是真的不知道，但她的表情说明了一切。"你这个可怜虫，"她的表情说，"我们当然不亲密。现在这样当然不算亲密。"

自从意识到这个问题后，它就一直杵在那里，像心里有块石头，沉甸甸杵在那里好几个星期。我不知道怎么办，不知道该怎么解决这个问题，不知道怎样才能把自己从刚刚发现自己所在的那个坑里刨出来。但是，我知道，我再也不能这样过日子了。到了学年末，我鼓起勇气跟女朋友说分手。虽然我刚刚开始明白真正的关系应该是什么样子，但我们的确没有什么共同语言，而且这段关系已经被我搞砸了，没办法重新开始。（其实，她早就觉得我们应该分手了，结束这段关系是种解脱。）毕竟在一起这么长时间，单身并不容易，但我知道，如果想要像个"人"一样做成点什么事，分手就是第一步。不，不对，这不是第一步。第一步是读《爱玛》。

第二章

《傲慢与偏见》：成长

读研究生头几年，我住在狭小脏乱的学生公寓里，舍友是学校随机分派的商学院学生。他们出门参加公司酒会，回来时满身酒气，憧憬着就业前景，或是呼朋唤友在电视机前嬉笑喧闹。我像仓鼠一样宅在自己的房间里。好小的一个窝呀。书桌是一块木板，架在两个文件柜上。床是一个煎饼式的旧蒲团，就铺在地板上。一把硬椅子，一个小书架，一台二手电脑。差不多就这些了。我睡到中午，然后一直读书读到凌晨四五点，用一块钉在窗框上的旧毛毯遮住气窗安全灯的灯光。凌晨3点，是吃日本拉面或英式松饼比萨的正餐时间，打开厨房灯后，我会等上几秒，好让蟑螂有机会躲起来。

快三十岁了，我过得还像个大学生。我在成长问题上有些麻烦，其实这也是当初重返校园的一个原因。我在社会上晃荡了好几年，做过几份工作，但始终没学会独立生活。很简单的事情，比如说买瓶洗发水，都会让我紧张困惑。我站在商店里，手里拿瓶洗发水，像刚醒过来的梦游者一样，不知道自己怎么来的这里，不知道接下来该做什么。是的，我当然会想了：你来这里，因为你需要这个；该洗头了；现在，你该去前台付款了。

怎么说呢，我在成长方面遇到的麻烦，也不算是很意外。家里五口人，我年龄最小，比老二差不多小六岁，所以一直被当成小孩子。姐姐和哥哥也像父母一样对待我，她照顾我，他欺负我。我母亲非常爱我、支持我——我是"她的"孩子，长得像她，让她想起她崇拜的父亲——但她也总把我当作小孩子。不过，最重要的人还是我父亲，他是一家之主。他既要求你，又打击你，视你为小孩，但又不爱你、不支持你。他望子成龙，但又明白无误地让你觉得，他并不是真心以为你能有什么出息。

现在回想起来，我父亲显然一直没能摆脱经济上，甚至身体上的不安全感。他和他父母都是二战难民，最后一刻才逃出欧洲，是的，大屠杀，他的家人大多数都没能逃出来。虽然他全凭毅力改掉了捷克口音，这些早年经历无疑对他影响很深。他从不乱花一分钱，也不乱扔一个曲别针。他非常严厉苛刻，连打带骂要我们考高分，但同时又因过度保护我们而霸道专横。

他不想我们冒险，不想我们横生枝节，不想我们自己探索自己的道路。他希望我们听从他的安排：读理工科（他自己是个工程师），学医，越早开始赚钱越好。（至少他是这么为我们两兄弟打算的。至于我姐，嫁出去就行。）不要浪费时间，不要三心二意。这个世界很险恶，犯的错误越少越好。他已经想好办法，管保我们一生无忧，我们就没有必要自己再去想一遍了。

不管我遇到什么困难——十岁时打不开罐子，十五岁时写作文——他都会冲出来帮忙，而不是让我自己想办法解决问题。他的本意是好的，想在我解决问题之前替我省去摸索过程中的那些痛苦和麻烦。"这些错误我都犯过，"他说，"我想你从我的经验中学习。"但是，他的这种方式忽略了一点，他不可能一直都在那里照顾我。所以，我从没学会自己照顾自己，不知道如何与售货员打交道、如何花钱，不知道如何在这个世界上走自己的路。所以，二十八岁了，我还对着一瓶洗发水发呆。

我只好回到哥伦比亚大学。我父亲是这里的教员，所以不用交学费，我大学也是在这里念的。其实我也可以去芝加哥，但搬去一个陌生的城市，离熟悉的人几百英里远，我连想都不敢想。于是，我又回到了老地方，住的学生公寓拐个弯儿就是他的办公室。

每隔一段时间我就去看他，他会带我出去吃中餐。我研究英语文学，他不是很高兴。他觉得他要养我一辈子了。我们一边吃炒粉，一边就这个问题争执。他会说："如果我自己当老板，就让你过来工作。不过，反正你也不愿意！"我提醒他，当年他的父亲也是这么想的——他父亲在服装区有自己的小生意，但他不想卖拉链，就像我不想当医生一样——当然，说这些也没什么用。

事实是，他从来不觉得我能读完研究生。他甚至根本就没想过我会*进来*读研究生。不管接下来有什么挑战，他都觉得我应付不了。我有哪件事情不需要他出手帮忙？完美的逻辑循环。他不觉得我能熬过第一年，高中法语课我只得了个 C，而他自己会说六门语言，他相信我过不了语言关。"谢谢你的支持。"我说，然后谢谢他请我吃饭，然后回到自己的小破公寓。

读《爱玛》、和女朋友分手时，我住在这间公寓里。一年后，我读着简·奥斯丁的其他小说寻找自己的道路时，我还是住在这间公寓里。研究生第三学年后的那个夏天，我完成了学业（是的，语言过关了），正在准备秋天将要进行的可怕的口头资格考试。这是最后一道学术耐力测试。四个月内要读完上百本书，然后关在一间屋子里，让四位教授用两个小时的时间仔仔细细地筛查你一遍。这也是一种通关仪式。通过了，如果我通得过的话，从专业上说，离长大成人并且成为这些教授中的一员也就更近一步了。（不用说，我父亲觉得我肯定通不过。他说："你该找个适合你干的工作！"）至于其他意义上的长大成人，我暂时还没觉得自己有什么问题。

那个夏天，整间公寓都是我的——舍友还是商学院学生，从达特茅斯来的有钱的预科生，他搬去了更好的住所——从早上起床到晚上睡觉，我一直都在读书。刷牙时读，吃日本拉面时读，甚至走在大街上也读（我发现，这样做需要相当好的协调性）。夏天差不多过去了一半，然后有一天，非常突然，非常意外，我恋爱了。

我痴迷的对象，当然就是伊丽莎白·班内特。我怎么能抗拒比所有人都要好的《傲慢与偏见》的女主人公呢？她是我见过的最有魅力的人。聪明机智，一路欢声笑语，单是待在这种人身边，都会让你觉得生气勃勃。姐姐简大讲特讲刚刚认识的某个人"是个典型的好青年"，"有见识，脾气好，人又活泼"，伊丽莎白却干巴巴地回应说："他还很漂亮；年轻人嘛，只要有可能，就应该漂亮些。"（第一卷第四章）但伊丽莎白同时也是个坚强、坦率、勇敢、忠诚的好朋友，她会像头母狮子一样保护你。简去附近庄园拜访那些出身名门的朋友时淋雨生病了，伊丽莎白想也不想，徒步跋涉三英里的泥路过去照顾她，根本就不在乎简的朋友们觉得她这样的举动有失体面。

和我一样，伊丽莎白的家人也很难相处。简是个梦中人，甜蜜、善良、有耐心，完美的知己密友。但她们的三个妹妹让人难以忍受。三妹玛丽，是个迂腐乏味的学究，所有的想法都来自书本（"虚荣和骄傲是两回事，虽然这两个词经常被当作同义词混用……"[第一卷第五章]）。最小的两个妹妹，吉蒂和莉迪亚，没头脑，喜欢搔首弄姿。她们的父亲是个聪明人——

每当他开口说话，我都不自觉地挺直身板，他和伊丽莎白的关系又好玩又有趣——但他的大部分精力都用来和她们那愚蠢可笑、神经紧张的母亲吵架拌嘴了。这对夫妻就像是一部喜剧长片，最糟糕的是他们自己也知道这一点。班内特太太抱怨说："你就喜欢气我，压根儿就不体谅我那些脆弱的神经。"班内特先生回敬说："亲爱的，你错怪我了。我太尊重你的那些神经了。它们是我的老朋友啦。至少在这二十年里，我总是听见你郑重其事地说起它们。"（第一卷第一章）

和我一样，伊丽莎白对结婚也没什么兴趣（有那样的父母，谁又忍心责怪她呢？），我喜欢这一点。有一次，她说："倘若我决心找个有钱的丈夫，或者随便找个什么丈夫……"（第一卷第六章）当然，这也拦不住她母亲的各种胡思乱想。帷幕拉开，班内特太太——她醒来的每个念头都是如何把女儿们嫁出去——唠唠叨叨让丈夫赶在别的母亲染指之前去结识查尔斯·宾利，一个有钱的年轻人，刚刚搬过来成为邻居。

很快，班内特姐妹就认识了宾利和他更有钱的朋友达西先生。这两个人完全不同。宾利像猎犬一样开朗热情。第一次舞会，宾利对自己的朋友说："说实话，我平生从来没有像今天晚上这样，遇见这么多可爱的姑娘。"达西却像暹罗猫一样高傲，只要摸的方式不对，就非把自己舔干净不可。甚至在和伊丽莎白正式见面之前，他就胆敢冷落她。宾利建议他请伊丽莎白跳支舞，他拒绝说："她长得还算过得去，但也没有漂亮到能够打动我。"（第一卷第三章）这句话，我觉得是人格侮辱。什么样的白痴才不会像我一样觉得伊丽莎白·班内特的一举一动都很可爱呢？伊丽莎白也同意这一点。简和宾利很快坠入爱河（宾利就是简大讲特讲的那个"典型的好青年"），伊丽莎白则断定达西自命不凡得无法忍受。不久，又出现了第三个年轻人，他和达西自幼相识，证实了伊丽莎白对达西性格的种种猜测。

与此同时，达西对宾利追求简这件事感到担忧，他不是喜欢把话闷在肚子里的人。简的社会地位比他朋友低，而且除了简和伊丽莎白外，她们全家人都粗俗得无法形容。小说第一卷第十八章，宾利家举办的那场舞会决定了简的命运。每个人都在场，班内特家大可以尽情出乖露丑。班内特太太大肆宣扬喜事临门——"此外，这件事也给她其他几个女儿带来了希望，因为简攀上了这门阔亲，她的几个妹妹也就有机缘遇到其他的有钱人"——她不注意自己的说话方式，也不在乎这些话会不会被不该听到的人听到。伊丽莎白想让她安静下来，她却气呼呼地说："达西先生跟我有什么关系，为什么我要怕他？"玛丽想弹钢琴出出风头，结果惨不忍睹，除了矫揉造作，她并没有什么天分。吉蒂和莉迪亚完全失去了控制。至于班内特家的牧师堂兄柯林斯先生，文学史上的大笨蛋之一，既狂妄自大，又奴颜婢膝（"我认为就尊严而论，教士的职位可以比得上王国的君主，只要你能同时做到谦恭得体"），未经正式引荐就跑到达西先生面前做自我介绍，这是不可原谅的失礼行为。

每个场景，都让伊丽莎白难堪极了——"就算她家里人事先约好今晚要尽情出出丑，他们也各自表现得这般起劲，取得这般成功"——我也感同身受。她的家人搞砸了简的姻缘，除了伊丽莎白外，简可是他们中唯一一个值得珍惜的人啊。但是，太迟了，达西看够了。他似乎并不关心自己的朋友是不是与简相爱。班内特家知道的下一件事就是这些年轻人离开了，而且很可能再也见不到宾利了。简崩溃了，伊丽莎白气炸了，我只想拧断达西的脖子。

这和阅读《爱玛》的感受完全不同，不仅仅因为现在我是奥斯丁的信徒了。从一开始，《爱玛》就告诉我它的女主人公错得有多离谱。我受不了她，直到奥斯丁让我明白我自己有多像她。但现在，《傲慢与偏见》读了一半，我不仅对伊丽莎白五体投地，我还同意她说的每一句话，同意她的每一个判断。我爱她的朋友，讨厌她的敌人。我愿意站在她这边对抗全世界。

然而，像是打开了某个开关，一切又都颠倒了过来。伊丽莎白碰到了她不想碰到的那个人。那个人说了一番她最不想听的话。她奋起反击。他写了一封长信，冷静地为自己辩白，这让小说前半部分发生的所有事情有了截然不同的意味。读第一遍，她驳斥那些说法。读第二遍，她突然发现自己从头到尾都错了。

伊丽莎白意识到，她太清楚简对宾利的爱了，所以以为每个人都清楚。简真是太好了，所以紧要关头伊丽莎白不愿意承认是自己家人的行为破坏了简的好姻缘。伊丽莎白太骄傲了，所以一旦发现有人傲气地针对自己，她就蔑视这个人的傲气。但现在她发现，自己对别人的判断——这是她最引以为傲的——才是最糟的。她原以为自己一眼就能看穿一个人。她原以为，如果一个年轻人和蔼可亲，那他肯定是个好人，如果高冷傲慢，那肯定是个坏人，结果她错了。

现在，她意识到自己全错了。她以她特有的那种坦率和勇气，断然认定自己"盲目、片面、偏狭、荒谬"。她自责道："我的行为多么可鄙！我还一向为自己的眼力自鸣得意呢！我还一向为自己的才干沾沾自喜呢！"（第二卷第十三章）

不用说，如果伊丽莎白全错了，我也全错了。她的判断就是我的判断，每个判断都是错的。这的确与《爱玛》的阅读感受截然不同。《爱玛》邀请我嘲笑女主人公，嘲笑她那些可笑的计划。但这一次，闹笑话的人是我。

我完全被伊丽莎白的聪明和魅力迷住了，从没想过要质疑她。当然，自鸣得意在这里起了很大作用。奥斯丁诱使我认同她的女主人公，我则心甘情愿地俯首听命。我的确很像她，只不过原因不是我想的那样。伊丽莎白太相信自己的判断了，我也一样。她知道自己比周围人聪明得多——除了她父亲，他总是夸她很聪明——她觉得自己的判断总是对的，就因为她相信自己的判断。她不觉得应该听听其他人的看法，他们能说些什么呢？该知道的事情，她全都知道。

《傲慢与偏见》初稿原名《第一印象》（*First Impressions*）。伊丽莎白的"偏见"，不是现代意义上的那种偏见。她不会在见到你之前就根据你所属的阶级做出判断。她的判断始于两个人的接触，她觉得她可以知道你的一切。现在，我觉得，"第一印象"这个词有两个意思：首先，女主人公好下断语；其次，如果处在她的位置上，我们可能也会像她一样。

这个词还有第三个意思。"第一"就是你第一次开始生活时"最初"遇到的那些事。我认为，这部小说归根结底与偏见、傲慢无关，甚至也与爱情无关。伊丽莎白刚刚二十出头，她的错，是年轻的错。确切地说，是还没有犯过错的年轻人的错，或者说，至少他们还没有被迫去承认这些错误。伊丽莎白的聪慧，像副盔甲一样光彩夺目，但在这盔甲背后，她不过是个小女孩而已。"倘若我决心找个有钱的丈夫，或者随便找个什么丈夫"，说这句话的人，其实并不清楚自己想要什么样的生活，甚至还没有开始仔细想过这个问题。当顿悟自己的"盲目、片面、偏狭、荒谬"时，她还给自己添加了最后一条罪状："我到现在才有了点自知之明。"达西的傲慢和伊丽莎白的偏见，伊丽莎白的偏见和达西的傲慢，这些内容或许推动了情节发展，但让我经历伊丽莎白的经历，像她一样犯错并汲取教训，和她一起摔倒、学习，在这个过程中，小说真正告诉我的是如何成长。

长大成人，可能是我们每个人经历的最不寻常的事了。今天我们还在用木头鸭子敲打弟弟的脑袋，明天我们就开始有了自己的事业、写书、养育自己的孩子。我们到底是怎么长大的呢？身体那部分很简单。一点点食物，一点点锻炼，甚至想都不用想，我们就慢慢发现自己长大了、长高了、体毛变重了。但其他部分呢？我们这些冲动、无知的小东西来到这个世上，究竟是怎样适应人类社会的呢？更不要说爱的能力了。

那个夏天，我发现简·奥斯丁小说谈论的正是这些问题。她的女主人公十六岁、十九岁或二十岁（那时候人们结婚较早，尤其是女性）。我们跟随她们几个星期、几个月，甚至一年。她们从一个地方开始，然后慢慢地——有时甚至相当突然地——在另一个地方结束。她们睁开眼睛，惊呼一声，深吸几口气，然后平静下来，打量自己刚刚来到的这个新奇世界。一开始，她们还是女孩，一天一天，一页一页，就在我们眼前，她们变成了女人。

她们就是这么长大的，但对我来说却像是一种启示。过去我以为长大成人不外乎上学、找工作：考试，录取，拿个文凭，掌握就业所需的知识技能。我父母（其实可以说我们每个人的父母）就是这么告诉我的。要问成长过程需要注意哪些个人素质——好像没人问过我这个问题——我想我会说自尊、自信。至于性格、行为，这些词现在还有人用吗？听起来就很刺耳，意味着苛求、刻板。这些词让我想起校服、修女的清规戒律、冬天清晨的冷水浴。过去人们常用这些可怕的东西来折磨孩子。

但奥斯丁不这么看问题。她认为，长大成人与知识、技能无关，一切都与性格和行为有关。背得出罗马皇帝（或美国总统）的姓名，学会做针线活（或微积分），并不能改变你的性格或改善你的行为。她还认为，变得自尊自信也没有用，自尊自信反倒是大敌，因为这会让你忘记自己浑身上下仍然满是冲动无知。在奥斯丁看来，长大成人意味着犯错。

这是《傲慢与偏见》给我上的第一堂课。伊丽莎白犯的错，不是她能避免的偶然事件，这些错误是她性格的一种表达，而且还是她性格中最好的那一面：她的敏锐、自信，这也是我最爱她的地方。奥斯丁说，你无法"修补"你的错误，它们外在于你，你不可能不出错。没有人生来就是完美的，你不能只靠自尊自信来展现自己有多完美。你一生下来，就有值得写一整部小说的错误等着你。不，我父亲不能从我的错误里拯救我，我自己的错误却有可能拯救我自己。

　　伊丽莎白和我都很年轻，和大多数年轻人一样，我们不知道自己究竟有多年轻，二十多岁的人往往觉得自己很老成。像伊丽莎白那么大时，T.S.艾略特写诗说觉得自己太老了。童年时代结束了，你觉得自己如此疲惫厌世，如此明察秋毫。你披上风衣，或是身着一袭黑衣，表明自己看透了一切。你爱说"随便""切！"，因为一切都太无聊了，日光之下无新事嘛。如果你是伊丽莎白·班内特，你会发誓说自己不会结婚，或是在自己犯下大错时还说："恕我直言，人家完全知道该怎么想。"（第一卷第十七章）

　　最奇妙的是，奥斯丁谈到这一切时非常平静。回想年轻时的举动，大多数人只想蜷成一团；看到别人重蹈自己的覆辙，又很想对他们当头棒喝。但奥斯丁用得体的幽默和理解看待这一切。再愚蠢的事情，她也心生同情。而且，最不可思议的是，开始写作《傲慢与偏见》时，她自己也才二十岁。

　　换句话说，写伊丽莎白，也就是写她自己。伊丽莎白喜欢舞会，她的作者也喜欢。伊丽莎白喜欢阅读，她的创造者也喜欢。伊丽莎白喜欢步行，简·奥斯丁也喜欢。伊丽莎白有姐姐简可以爱慕，奥斯丁也有卡桑德拉。卡桑德拉年长两岁，温柔得体，是奥斯丁推心置腹的共鸣板和知己密友。（她们的母亲曾经说："如果卡桑德拉上了断头台，简也会要求与她共命运。")最重要的是,奥斯丁还把自己聪慧敏锐、很有幽默感的个性气质赋予了伊丽莎白。伊丽莎白和达西先生的对话像是走钢丝,奥斯丁写给卡桑德拉的信则可以看出她的机智幽默。伊丽莎白说:"我深信达西先生毫无缺点。他自己也不加掩饰地承认了这一点。"(第一卷第十一章)奥斯丁本人则走得更远。下面这封信,她对自己刚刚参加的那场舞会说三道四:

> 那里的美貌女子寥寥无几,英俊男士同样也屈指可数。埃尔芒格小姐看起来脸色不太好,布朗特太太是唯一一个备受赞誉的人。她看上去和9月份一模一样,还是宽额大脸,菱形发带,白色鞋子,粉色丈夫,粗短脖子。两位考克斯小姐都在场;我想起来,八年前在恩哈姆曾和其中体形魁梧的那个粗俗女孩跳过舞。……我看见托马斯·钱普尼斯爵士,想起可怜的罗莎莉(几年前他还对她青睐有加);我还看见他的女儿,觉得她真是一个脖子白白的奇怪生物。——沃伦太太,我强迫自己把她想成是一个非常漂亮的年轻女人,这真是太遗憾了。她去掉了几分孩子气,起劲儿地跳舞,但看起来绝对不大。她丈夫就太丑了,比他的表亲约翰还要丑,不过并不显老。两位梅特兰小姐都很可爱,很像安妮,棕色皮肤,黑色大眼睛,鼻子也很好看。——将军得了痛风,梅特兰太

> 太得了黄疸。——狄伯瑞太太、苏珊太太、莎莉太太都
> 一袭黑衣出场，她们的口臭让我觉得自己是个文明人。

哎哟喂！但是，不管私底下怎么刻薄取笑邻居，奥斯丁在公开场合总是维护他们的感受。还是这封信，后面紧接着的一段话，她说周四要去拜访一个朋友，晚上就不能留下来参加另一场舞会了。但她加上一句，说："如果不留下来参加舞会——无论如何我也不能对邻居做出如此失礼之事，不能撇下他们去参加另一场舞会——那就不能晚于*周四早晨*。"

她的幽默感可能有些粗鲁，但她的心是慷慨大方的，她也让伊丽莎白在机智和温暖之间保持了平衡。难怪《傲慢与偏见》的女主人公是作者余生中最喜欢的人。"我想要告诉你，我从伦敦接到我亲爱的孩子了"，她写信告诉卡桑德拉说自己收到了小说的首印本，"孩子"指的是书还是女主人公，我们不得而知。她接着说："我必须承认，*我*觉得她是现在所有出版的书籍中最让人喜欢的角色了。我不知道如何才能忍受那些*一点也不喜欢她*的人。"几个月后前往伦敦，她在画廊寻找伊丽莎白和简的画像，看到有幅画符合她心目中的简的形象，于是写信给卡桑德拉说，"某某太太的小像让我觉得很高兴"（现在，奥斯丁用班内特姐妹的夫家姓氏来称呼她们了，她和她们一样对这两门亲事兴奋不已），"去的时候我满心希望找到她妹

妹的画像"（即女主人公伊丽莎白），"但那里没有某某太太……我想大概是因为某某先生太珍惜她的画像了，不愿意展示在公众面前。我能想象得出他的那些感受，爱、骄傲和矜持兼而有之"。换句话说，没有哪幅画能画出奥斯丁心中的女主人公形象。看来，伊丽莎白·班内特的创造者，才是第一个爱上她的人。

更能说明问题的是，奥斯丁并没有欺骗自己说她的这个孩子是完美无瑕的。她知道，伊丽莎白长大成人还有很长的路要走，她自己的成长也一样。的确，随着年龄的增长，她的书信不那么牙尖嘴利了。提笔写作《傲慢与偏见》时她还不满二十岁，小说出版时她已经三十七岁了——原稿《第一印象》，出版商连看也没看就拒绝了，奥斯丁多年来也没有回过头来整理它——她写信的语气也与当年大胆直率的舞会故事截然不同了。

那时，她写信对自己喜欢的侄女范妮·奈特说："智慧比机智更好，智慧笑到最后。"范妮二十一岁，犹豫自己要不要嫁给一个严肃体贴，但仪态风度有所欠缺的年轻人。姑姑奥斯丁不确定范妮是不是很爱他，但有一件事她是确定的："他非常和蔼可亲，坚持原则，思想正直，习惯良好——你很清楚*所有这些方面*的价值，而*所有这些*才是真正最重要的——性格的方方面面都是他最有力的辩护。"她提醒侄女，好的性格比活泼开朗、精神抖擞更重要。

　　这么说，也是因为她关注范妮的性格，同样她还关注自己兄弟的其他孩子们（她眼看着超过二十四个孩子出生）。她自己不是母亲，但她像母亲一样看护侄子、侄女们。尤其是范妮和范妮的兄弟姐妹，她哥哥爱德华的孩子，这些孩子的母亲在最后一次生育时死于难产。"他们各方面表现得都很好，"她在信中这样形容爱德华最大的两个儿子，悲剧发生后他们从寄宿学校回来交由姑姑照顾，"他们表现出来的情感就像人们期望看到的那样，无论什么时候谈起他们的父亲，他们都流露出了最强烈的感情。"

　　几年后，对于弟弟查尔斯的长女，她就不那么赞赏了："那个小卡西，见到我时不像她妹妹们那般高兴，但我本来也没什么期待；——她没有显露出温柔的情感来。""上天已经尽力了，但还需要方法。"（即父母对她的调教）两年后，主要是在奥斯丁和卡桑德拉的教导下，小卡西有了进步。姑姑写信说"她似乎开窍了，知道什么是良好的行为了"，而且还成了她父亲的"一种安慰"。不久，奥斯丁又开始照看新一代，也就是侄女安娜的孩子们。她在信中说："杰迈玛有一个急躁易怒的坏脾气，我希望安娜早点意识到这些缺点，尽快对杰迈玛的性情给予足够关注。"

　　谈到孩子们时，奥斯丁强调的重点总是性格。不是美貌，也不是创造力或智识，而是行为、性情，还有同情和感受的能力。她关注侄子侄女们的成长，尽可能对他们的成长施加影响，她知道，这个过程很不容易。她知道，孩子们都会犯错；她也知道，犯错不是世界末日。

读《傲慢与偏见》，我也终于明白了这一点。奥斯丁告诉我，做得对，可能会有人赞许地拍拍你的头；但做错了，你得到的东西可能更有价值。错误能让你明白你是谁。这还不是整个故事。如果需要做的只是犯错的话，成长就太简单了。我一直都在犯错。而且和伊丽莎白一样，我总是一次又一次犯同样的错误。犯错，只是第一步而已。莉迪亚，伊丽莎白最小的妹妹，招摇放肆、厚颜无耻，一路错得离谱——当众打呵欠，乱花钱，不知羞耻地和众多年轻军官调情——她显然永远也长不大。伊丽莎白母亲的一生，包括她养女儿、嫁女儿的各种做法，都是一连串的尴尬、捅娄子、失算，她这个人始终都焦虑愚蠢，以自我为中心。

奥斯丁告诉我，单是让别人指出你的错误还不够。受人质疑时，我们的大脑很擅长支吾应付。我们像海狸一样窜来窜去，筑起自尊之墙。说谁呢，我？不，你肯定搞错了。我不是那个意思。好大个事嘛？意外而已，下不为例。我敢发誓，这是第一次。错了？哪里错了？

那个夏天，我看到奥斯丁的女主人公们一直都在被人指出错误，但她们并没有从中受益。直到可怕的事情发生后，她们才长大了。她们成熟，是因为她们吃到了苦头：失去，痛苦，最重要的是丢脸。她们做了真正可怕的事，不只愚蠢，还不公平、很伤人，然后她们公开改正错误，在她们最看重的那个人面前改正错误。爱玛以最冷酷无情的方式侮辱贝茨小姐。伊丽莎白搬出了一整套错误的指控。然后，有人用她们无法反驳的方式迫使她们意识到自己的行为有多糟。

这些场景读起来很不好受。我和女主人公们一样痛苦。我为这些年轻姑娘感到难过，因为丢脸的那一刻，她们在光天化日之下暴露无遗。有些女主人公能做的，首先就是大哭一场。伊丽莎白运气好一点，她是通过信件知道真相的，至少可以独自面对自己的感受。但是，发现自己犯了很多错，并且最终承认自己犯了错，还是同样让人难以承受。她想错了简，她想错了自己的家人，她想错了每一件事。"盲目、片面、偏狭、荒谬"：这不只是认知上的判断，还是一种撕心裂肺的感受。"这个发现真让我感到羞愧！"她大声叫道，"然而我也活该感到羞愧！"这个时候，也只有在这个时候，她才终于发现："我到现在才有了点自知之明。"（第二卷第十三章）

在戏剧中，这一刻就是所谓的"发现"（recognition）。俄狄浦斯发现自己犯下了可怕的罪行。李尔王发现自己大大冤枉了小女儿。幸运的是，伊丽莎白的错误不那么严重，也不是无法挽回。毕竟，《傲慢与偏见》是喜剧不是悲剧，年轻人还来得及改正错误，年轻人的故事总是如此。但是，在那一刻，当她发现自己那些可怕的错误时，小说就像是要变成悲剧了。伊丽莎白不仅意识到自己做了糟糕的错事，她还意识到这让自己付出了什么样的代价。她发现，幸福本已握在手中，傲慢与偏见却让她错失了一切。

我想，我们谁也不愿意这样的事情发生在自己身上，更不要说发生在我们的孩子身上了。但奥斯丁告诉我们，就算运气再好，该发生的终究会发生。我父亲说错了，你不能从别人的错误中学习，你只能从你自己的错误中学习。奥斯丁让她自己深爱的伊丽莎白遭受痛苦折磨，因为她知道，这就是成长的代价。知道自己错了还不够，还必须去感受它。

那个夏天，我也感受到了自己的错误。其实，当时伊丽莎白并不是我唯一的爱人，我还痛苦疯狂地爱上了那年春天遇到的一个女人。我二十八岁，她二十一岁，说起来，正和简·奥斯丁笔下的男女主人公同龄。她大学刚毕业，我对她的感情混合了欲望和保护，既让人痛苦又让人困惑。她可爱、温和、聪明，发自内心地莞尔一笑，反讽的幽默感总是伴随着沙哑的笑声。我们的友谊迅速熊熊燃烧。我觉得，这个人可能是我真正的伴侣了。

那个夏天，我的生活非常简单，只有她和考试。上百本书磨砺我的大脑，想她又想得我心如绞痛。两件事搅在一起。她是我的缪斯、我的目标，字里行间都是她的面孔。我为自己制定的隐修生活守则的唯一例外，就是花时间和她在一起。我们在城里散步，花大把时间谈论艺术、思想观念、我们认识的人。我们去博物馆和戏院，开玩笑，交换意见。

但所有这些并没有用。每次在一起，不出意外，我总会说些伤人的蠢话：自命不凡，性别歧视，居高临下。"注意看马蒂斯使用色彩的手法"（像是语音导览），"你真该多读些弗洛伊德"（其实她可能读得比我多），"到了我这个年龄，你就明白了"（我这个年龄！我也才二十八岁呢！）。有点强迫症。读《爱玛》让我更留意周围人的反应，留意自己对他们的影响，也让我变得不那么冷漠刻薄。但是，和伊丽莎白一样，我就是觉得自己太他妈聪明了，忍不住要让我的智慧之光普照全世界。我的自我一心沉浸于优越感，我更要在我爱的人面前显摆我的优越感。每到这个时候，她都小心翼翼但又勇敢地看着我，让我明白自己不折不扣是个混蛋。每次我都想钻进地缝，因为我又搞砸了。我想，她可能再也不愿意和我在一起了。

并没有。她还是我朋友，但不是我女朋友。我无地自容，为自己付出的代价伤心难过，这些教训刻骨铭心。她不是第一个让我明白我是个傲慢自大、居高临下的人，根本不是，但因为我在乎她胜过其他任何人，她是第一个让我真切感受到这一点的人。

所以，几个月后读着《傲慢与偏见》，伊丽莎白的经历让我豁然开朗，或者应该说，让我完全*明白*了自己，明白了我所经历的一切。奥斯丁告诉我，如果自我妨碍你坦然承认自己的错误和缺点，那就应该摧毁这个自我，而这正是丢脸所做的事，丢脸让你觉得一无是处。毕竟，"丢脸"（humiliation）这个词源于"谦恭"（humility）。它羞辱我们，让我们学会谦恭。《傲慢与偏见》不仅告诉我犯错不要紧，它还告诉我对错误感到羞愧也不要紧。奥斯丁知道，成长就是伤害，而且必须伴随着伤害，否则人就长不大。读这部小说的时候就算为时已晚，不能像伊丽莎白那样最终有个幸福的结局，它也让我明白成长本身就是一种幸福结局。至少，成长能保证你有一个幸福的结局。

如果你从小接受的教育都说你不必经历任何痛苦，那么，羞愧、丢脸、耻辱这些不愉快的感受就很难以接受。奥斯丁以莉迪亚·班内特、伊丽莎白最小的妹妹为例，说明那些不能接受这些感受的年轻人会有什么样的结果。莉迪亚很像她母亲——不难想象，班内特太太年轻时肯定也是个没头脑的卖俏者——而且被过分宠溺：不管她做了什么，没有管教约束，只有娇宠放任。这是认同过度（overidentification）的典型例子：母亲渴望从小女儿身上抓住消逝的青春的尾巴，女儿则乐意顺从。

到了十五岁，莉迪亚完全不受管束了。总是招摇，总是大笑，总是搔首弄姿，从不认真对待任何事情，也从不认真对待自己的生活。她成了一种尴尬，最后还干了一件真正丢人现眼的事，不只是尴尬，她还成了一桩丑闻。到了小说结尾，她依然笑容满面，对自己满意得不得了。"姐姐们一定都在羡慕我，"亏她说得出口，其实姐姐们可能很想把她扔进湖里——或者说，还不如跳湖自尽呢，如果自己也落到她这步田地的话——"我只希望她们有我一半的好运气。"（第三卷第九章）莉迪亚给自己的家人带来了那么多的痛苦，心里却没有丝毫不安，始终自我感觉良好。

不受罪就长不大，不回忆就不受罪。我们必须直面自己做过的事，必须感受它，最后还要记住它。莉迪亚丢人现眼后，似乎有着"天底下最美好的回忆。想起过去，一点痛苦都没有"（第三卷第九章）。她肯定清楚自己做过什么，但她装着什么事都没有发生。这样的人不止她一个，班内特家的整个社交圈也好不到哪里去。当他们发现大家都很喜欢的那个年轻绅士可怕的真面目后，"人人都说他是天底下最坏的年轻人，人人都发现自己向来就不相信他那副伪善的面孔"（第三卷第六章）。这里，奥斯丁想说的是，要有勇气承认错误，更要有勇气记住这些错误。

的确，以润饰美化的方式重写自己的个人史很诱人，同样，我们也很清楚一个人有了自知之明——经历了崩溃、失败、错误——才能重新做回过去的那个自己。对奥斯丁而言，成熟意味着拒绝遗忘。丢脸是络绎不绝的大礼。小说结尾时伊丽莎白说"只去想那些让你愉快的往事"（第三卷第十六章），但这是她惯有的反讽。这句话，她其实是说给那个人听的，她知道他一直都会指出她的错误、提醒她的所作所为，让她保持诚实。

伊丽莎白终于开始明白成长意味着什么，她也开始明白，就算做对了，事情也远没有结束。换句话说，没有人生下来就是完人，也没有人能长成完人。长大成人，不代表你有权利自我满足。奥斯丁再次举出了一个反例。伊丽莎白的父亲是个好人，但他选择了一个永远不会挑战他的妻子，在她面前太容易产生优越感了，他让自己的性格失去了活力。和班内特太太生活在一起，他变得自我满足，道德上懒散，他的孩子们也尝到了苦果。他本可以做得更多，比如说在财产上让女儿们更有安全感，家里发生重大危机，他却束手无策。奥斯丁告诉我，想要一直成长，必须随时待命。幸运的是，我得到了伊丽莎白及其父亲所没有得到的帮助，我有《傲慢与偏见》。

简·奥斯丁一岁左右，英国作家霍勒斯·沃波尔（Horace Walpole）说过一句话，这句话可以用作题词印在奥斯丁的全部作品上。他说："对于思考的人来说，生活是一出喜剧；对于感受的人来说，生活是一出悲剧。"人人都在思考，人人都在感受，但简·奥斯丁的问题是，先思考还是先感受？喜剧都是大团圆故事。奥斯丁告诉我，你可以长大并找到幸福，但你必须准备放弃某些重要的东西。不是你的感受，而是你不能只相信自己的感受，不能觉得自己的感受总是对的。

这不太好消化。我们总觉得自己的感觉是世上事的可靠指示器。我们经常听人说："对此我感觉很好。"大学申请、彩票、一段新恋情，结果却发现事情并不会因为我们感觉好就变得顺顺当当。长辈们特别喜欢说，"我知道你做得很好""我不能想象他们不录用你""我敢肯定一切都会解决的"，真的吗？你肯定？你凭什么这么肯定？就因为你喜欢我？

我意识到，这正是《傲慢与偏见》开篇时伊丽莎白的问题所在。她认为自己是对的，因为她*觉得*自己是对的。达西先生冒犯了她，所以他肯定不是个好人。姐姐简很可爱，所以怎么会有人不想让自己的朋友娶她呢？伊丽莎白以为自己是在思考，但她只是在感觉而已，感觉到愤恨、喜爱和渴望，她的聪明让她更容易受到谬见的影响。直到后来，在羞愧地承认自己的错误后，她才意识到头脑和心灵会各执一词，而最终头脑会战胜心灵。

奥斯丁出版的首部小说《理智与情感》，其书名表达的就是这种冲突，且分别代表了两个女主人公的性格。埃莉诺·达什伍德是理智的，她的妹妹玛丽安是感性的、富有情感的。小说开始不久，两姐妹就很直率地就这个问题有过争论。埃莉诺批评玛丽安在没人陪伴的情况下外出与年轻男子见面，她说：
"恐怕，一件事情是愉快的，并不总能证明它是恰当的。"换句
话说，感觉不错，不代表是对的。玛丽安回答说："恰好相反，
没有比这更有力的证明了。假如我的所作所为确有不当之处，
当时我就会感觉得到，因为我们做错了事，自己总是知道的。"
（第一卷第十三章）

　　我们做错了事，我们自己总是知道的。真是这样的话，
生活就简单多了。从两种意义上说，玛丽安是个浪漫的人。她
认为爱情高于一切，肯定比她刻板的姐姐所说的"恰当"重要
得多。她也是奥斯丁时代席卷西方的浪漫主义运动的信徒。而
奥斯丁对这场运动心存警惕，因为它涉及的正是情感与理性的
适当关系。浪漫主义教导说，社会和社会习俗是限制性的、人
为的、破坏性的，理性只是这些习俗的另一种形式，并不是真
理的源泉。真理的真正源泉是自然，只要听从内心自然——自
发的冲动和感受——我们就会美好、幸福、自由。浪漫主义者
认为，只要心在正确的地方，头脑在哪里无关紧要。玛丽安就
是这个意思：情感是我们的道德指南针，不会让我们走错路。
让人愉快的事情，肯定是正当的。感觉好，就是真的好。

　　就文化史而言，奥斯丁打的是一场必败的战争。浪漫主
义思想促进了过去两个世纪几乎所有伟大艺术的兴起。它带给
我们华兹华斯和拜伦，惠特曼和梭罗，现代舞，表现主义绘画，

垮掉派诗歌，等等，等等。从奥斯丁的时代以来，它规训了我们思考、感受的方式，特别是我们思考和感受思想、情感的方式。今天，音乐中最常见的词不是"爱"而是"我"。第二常见的词是"想要"（wanna）。流行音乐呐喊欲望，大声疾呼快乐和自由。大众心理学传递同样的信号，广告也一样。我们翻来覆去听到的都是"相信你的感觉""听从你的内心""觉得好，就去做"。

的确，在特定的人生阶段，这也是应该学习的课程。我就是这么过来的。我在正统犹太社区长大，这里有很多条条框框。不准吃猪肉。安息日不准听音乐。不准和非犹太女孩约会。不准偏离群体。古老传统规定了你的一举一动，每个选择都要受到这个封闭团体的价值观的约束。要戴帽子。每天祈祷三次。要考 A，上个好大学，让父母骄傲。大一点的时候，知道自己的感受也很重要，学会了解自己第一时间的感受，对我来说是种极大的解放。我需要意识到在生活中我可以做我想做的事，*只因为我想这么做*。承认我的感受是正当的、重要的、道德上是有意义的——这些都会对我的行为产生影响——在当时的成长过程中是个关键环节。

奥斯丁笔下有些女主人公也需要学会这一课。她们有的缺乏经验，需要发现自己的感受；有的受到忽视，需要站出来维护自己的感受。但伊丽莎白、爱玛和玛丽安已经学会了这一课。她们相信自己的直觉。她们听从自己的内心。觉得好，她们就去做。和很多青少年一样，她们的问题在于太相信自己的感觉了。她们已过了相对自主的青春期，已经学会了相信自己，但现在她们需要迈出下一步，进入完全自觉的成人世界。她们需要学会怀疑自己。

这就是伊丽莎白后来所做的事。这就是读到颠倒她整个信念的那封信时所发生的事，所以她读了两遍。信里的观点——让人气愤的据理力争——完全违背了她的所有感受，读完第一遍，她觉得很反感。但读第二遍，她的诚实迫使她倾听，迫使她思考。借伊丽莎白的故事，奥斯丁要求我们做一些很困难的事情，做违背我们本能和直觉的事情。困难是肯定的。准确地说，她想要我们质疑自己的本能和直觉。她想要我们驾驭自己的情感，这些情感深藏于心，促使我们做我们想做的事，而她要我们取而代之以理性，代之以逻辑、证据和客观性，这些都外在于我们，并不关心我们想要什么。

这一课奇怪地让人觉得解放。现在我不得不承认，别人对我做了什么，并不代表我就是对的。可能是他说的话冒犯了我，但也有可能是我误解了他。可能是他对我不好让我很生气，但也有可能是我挑起的事端。感觉总与某些事情有关，而"某些事情"本身并不是一种感觉。它是一种看法，是对事态的一种认知，伊丽莎白的感觉就建立在她对某些事态的认识的基础之上。每个人都看得出简爱着宾利，伊丽莎白的家人不总是那么糟糕，达西先生傲慢得让人无法忍受：这些都是认知，是看法，是她感觉的基础，结果全错了。看法错了，以这些看法为基础的感觉也会跟着出错。所以，现在只要我的感觉不合理、不对，我就会设法放手。我承认我的情感，但我不能被情感控制。

不用说，不是每个人都愿意听人说他的感觉不一定对。实际上，很多人因此而讨厌简·奥斯丁。他们觉得她冷静、拘谨、老古板、专会扫兴。在研究生院，我们就这个问题分成了两派，一派支持奥斯丁，一派反对奥斯丁，情绪都很激动。有一次，我们被要求讲一堂课，内容要有一部19世纪小说。19世纪有很多伟大的小说，但我们所有人几乎都是二选一，不是《傲慢与偏见》就是《简·爱》。看起来是小事，但感觉问题大得要命。我们的选择不是教学意义上的选择，而是一种信念，一种自我宣示，因为这两本书最有力地表达了两种截然相反的人生观。

在《傲慢与偏见》中，理性战胜了情感和意愿。在《简·爱》中，夏洛蒂·勃朗特讲述了一个典型的浪漫主义成长故事，情感和自我克服了一切障碍。我们这些选择《傲慢与偏见》的人，无法想象一个人怎么能忍受像《简·爱》这样不够成熟、兴奋过头的作品。而那些选择《简·爱》的人，不敢相信你竟然让学生读像《傲慢与偏见》这样平淡乏味的东西。毫无疑问，我们的选择反映了我们的性格。我们这些奥斯丁迷认为，喜欢勃朗特的人容易自我戏剧化，思想爱走极端。我们觉得自己这帮人更酷、更反讽。

勃朗特在写给朋友的一封信中对这位著名的前辈作家提出了批评：

> 她在刻画上流社会英国人的生活表面时非常出色；她不用任何强烈的东西来扰乱她的读者，也不用任何深刻的东西来让他们局促不安：她全然不知激情为何物，她甚至不愿意同那些性格激烈的姐妹有泛泛之交；她恩准的情感，不过是偶尔得体但遥远的承认。她写人心，还不如她写人的眼睛、嘴巴、手脚的一半。如何敏锐观察、说话得体、行动灵活，这些很适合她去研究，但说到隐秘的心的悸动战栗、血脉偾张——**这**是奥斯丁小姐所忽视的。

但是，奥斯丁并不忽视情感——伊丽莎白和她的故事充满了情感——而且她当然懂得激情为何物。莉迪亚有的只是激情，伊丽莎白也因自己的感受而辗转难安。"我的行为多么可鄙！"没有激情的人说不出这样的话来。奥斯丁知道情感和激情的价值，她只是不希望我们对之顶礼膜拜。

不过，我们那些喜欢勃朗特的朋友反对这位年长的小说家还有一个更深的理由，这个理由勃朗特本人也不理解。强调理智应该控制情感，这首先否定的就是理智与情感难分难解的现代教条。过去一百年来，弗洛伊德等人告诉我们，客观性只是一种幻觉，所谓理性的结论，不过是隐秘冲动的显现，是私欲的秘密表达——毕竟，说到我们的行为和判断，这些正是奥斯丁小说的内容。

但奥斯丁不这么看。在那封改变伊丽莎白所有看法的信中，写信人谈到简对宾利的感情是不是无动于衷时说："当初我确实希望她无动于衷，但我敢说，我的观察和决定通常不受我的希望或我的顾虑的影响。我认为她无动于衷，并不是我希望如此；我的看法毫无偏见。"（第二卷第十二章）前半段话，口气自以为是，可能让人无法忍受。后半段话，我们可能也会觉得牵强附会，但奥斯丁希望我们接受。"毫无偏见"——超越我们的限制视角进行思考——在她看来，这是一种人性的可能性，写信人具备这样的能力。对伊丽莎白而言，成长也意味着具备这样的能力。

犯错，认错，用逻辑检验自己的冲动，《傲慢与偏见》的女主人公学到了最重要的一课。她意识到自己不是世界的中心。对她的创造者而言，成长意味着自外审视自己，看到自己身上的局限性。这是奥斯丁的救赎观，丢脸的那一刻——暴露在众目睽睽之下的痛苦场景——则是奥斯丁的恩典观。

《傲慢与偏见》以两个情节要素为中心：发现（recognition）

和逆转（reversal），亚里士多德以来人们一直用这些术语来理解喜剧和悲剧。女主人公看到了一些事情——关于自己、关于自己的行为——结果命运改变了。不过，奥斯丁还深刻地改变了传统模式。在经典喜剧情节中，年轻爱侣因外在障碍、某些"拦路者"而分手。这些"拦路者"——占有欲强的父亲，嫉妒的年迈丈夫，旧社会压抑的法律和风俗——代表的是青春和衰老之间的永恒对立。奥斯丁将障碍内化，从而改变了一切。现在，我们自己就是"拦路者"，自己给自己造成了很多麻烦。阻碍我们幸福的人，就是*我们自己*。只要伊丽莎白准备好了想要幸福，其他大人怎么想就不重要了。在奥斯丁看来，理性就是解放，成长才是真正的自由。

现在，我明白这些道理了。那个夏天，我刻苦攻读，像是有杆枪顶在脑门上。到了初秋，提心吊胆、一夜无眠的我，蹑手蹑脚走进考场面对考官，用了两个小时跌跌撞撞通过了资格考试。事后，有位教授问我有没有想过如何开始准备学位论文。我说："我想我需要放松一段时间。"他说："好主意，头脑是该休耕（lie fallow）了。""休耕？""躺着（lie prostrate）。"

不过，我心里的确有一个计划。读着简·奥斯丁关于成长的故事，我决定是时候做一些让自己长大成人的事了。我不能再待在那个破宿舍里，不能再和那些随机分派的舍友住在一起，不能再住在那个我十七岁以来一直生活的环境里了。最重要的是，我再也不能活在父亲的阴影下了。当时，我的很多朋友都搬去了城里，或是去了布鲁克林，我决定加入他们。我要找到自己的住处，要有真正的家具，最后还要学会独立生活。

第二天，我父亲带我出去吃午餐庆祝，这次是在教工俱乐部。吃着烤三文鱼，我说了考试的事，但当我向他解释我的下一步计划时，气氛就不太好了。他很不喜欢我的计划。他警告说："你会付出很大代价的！"这不是真的。是要付出些代价，但不是很大的代价。而且，他提议说疏通关系帮我在学校里找个好位置——又是冲过来帮我解决问题，或者说他觉得这是一个问题——这个提议的代价实在太大了。

无论如何，钱不是问题。就算没有明说，他也意识到真正的问题出在哪里。搬离这里，就是搬离他，这才是他想避免的事。布鲁克林？布鲁克林是啥？布鲁克林是他战前不远万里跑来居住的地方。那是你出来的地方，不是你该回去的地方。为什么有人想要搬去那里呢？

但至少我知道为什么。搬去布鲁克林可能大错特错，但就算错了，也是我自己犯的错。我厌倦了被视为小孩子，厌倦了害怕：害怕失败，害怕我的失败让他失望。我们之间批评—反抗、保护—叛逆的戏路已经够多的了。我准备翻开新篇章。和伊丽莎白·班内特一样，我找到了我的自由。

第三章

《诺桑觉寺》：学会学习

遇到简·奥斯丁并爱上她，这个过程从一开始就与我对一位教授的爱交织在一起。读《爱玛》的研讨课是他开的，指导我通过口试的也是他，现在，他还要指导我完成学位论文这一不可思议的任务。

不过，他首先是帮我在纽约找到了一间又便宜又宽敞的好公寓。为了找个地方落脚，我在城里马不停蹄奔波了好几个星期——在可疑的中介公司填写各种表格；回复五层无电梯公寓的广告；一间卧室那么大的公寓，加上我却有四人合租；看过很多个住处，浴缸在厨房，厨房在客厅，客厅则充斥着楼下中国人市场的腐鱼味道——然后，他告诉我说他隔壁邻居的褐石房子有个房间想出租。

比起我看过的房子来，这个地方简直像个宫殿，房租也比市面价格低得多。一切都很好，除了担心自己住在教授隔壁，读研剩下的日子里他都会监督我的工作。我确实有那么一点恐慌。签约后几天，和几个朋友一起抽大麻，半梦半醒之间，我想：

"啊，天哪！我竟然搬去了*教授隔壁*！还有比这更明显的方式告诉全天下人——尤其是我的教授——我把他看成了我的另一个父亲吗？"太反讽了吧，摆脱这个父亲，只是为了扑进那个父亲的怀抱，我有点沮丧。坐在那里，简直感觉像是甩不掉自己身上的尿布了。不过，即便如此，也有一些东西要我冷静下来，听从自己的第一直觉。我有太多东西要向他学习了，而不是想着躲开他。

他是我见过的最年轻的老人。选他的课时，他已到了退休年龄，但比系里其他人都更强壮。他指导过无数研究生，开各种各样的课（19 世纪小说、浪漫派诗歌、美国原住民文学、儿童文学、科幻小说、经典名著等等），帮忙主持八份专业期刊，大约每三年出版一本新书，甚至还讲授一些你闻所未闻的课程，他投身教育事业的奉献精神由此可见一斑。有个曾在他家暂住过的医学院学生对我说，在她能钻出被窝之前——其实她一点儿也不懒散——早晨第一件事就是听见他匆匆跑下楼，风风火火地开始一天的工作。

但他不只是精力充沛。他还能像年轻人一样用崭新的眼光观察这个世界。他的白发在额前震颤，像是发现了新大陆；听到新观点时，他脸上的每条皱纹都挺得笔直。他总是愿意听你说，不管你说得多么磕磕绊绊，因为他不愿意错过任何学习新东西的机会。选修他的另一门课"浪漫派诗歌"时，他一上来就给我们看一首以"惊喜"（Surprised by joy）二字开头的十四行诗。简单说，他想要告诉我们的是：重要的是让生活给你惊奇，喜悦也会随之而来。

我花了一段时间才明白这一点。实际上，一开始，我还怀疑自己选错了课。第一天，他冲进教室，胳膊下夹着一摞书。这个白胡子小老头，举止鲁莽冒失，神经兮兮，眼神有点疯狂，脸上那种偷笑，像是他心里有个笑话却不打算和我们分享。退一步说，这个人就算不是糊里糊涂，也相当稀奇古怪。他开始提问了，这种印象也挥之不去。他的问题，简单得不合常理——说真的，很可笑，甚至很愚蠢——大学新生也会觉得这些问题的答案显而易见，更别说我们这些研究生了。

但是，回答问题时，我们才发现其实一点儿也不简单。这些问题很深刻，因为针对的都是我们想当然的所有一切——关于小说、语言、阅读。例如，认同一个文学形象意味着什么？我以为我知道答案，但真的吗？是把自己放在他们的位置上吗？显然不是。是赞同他们的行为吗？但如果稍加鼓励，我们也很乐意认同那些坏蛋呀。不，我能想到的最好答案就是这像是一种中间状态——你既是他们，又不是他们——总之，很难用言语说清楚。但这根本不算是真正的答案。

再如，他指出《包法利夫人》（*Madame Bovary*）有个地方居然没有人译为英文。啊？！好吧，他说，书名，这是为什么？

这个问题让我一愣，甚至有点生气，太乱来了吧？可以问这样的问题吗？但另一方面，书名你会怎么译？Lady Bovary？她不是贵族。Mrs. Bovary？太平实了。看来，英语中并没有Madame的对应词，译为Madam也不好，这个词涉及的不只是我很想知道的两种文化的差异，还影响了我对小说的整个理解。

半个小时内，我开始明白这个老头在做什么了，意识到这是我前所未有的经历。他是在剥除我们脑子里的油漆。他让我们明白一切都有讨论的余地，特别是那些我们自以为知道的东西。他教我们以好奇和谦恭的态度认识世界，抛开我们一直以来试图养成的那种专业确定性。想要回答他的问题，必须忘掉一切，从头开始。"答案是容易的，"后来他说，"大街上随便哪个傻瓜都能给你一个答案。关键是问对问题。"

一看就知道是好事情。我选修了"浪漫派诗歌"这门课，成了他办公时间的常客。坐在他办公桌旁跟他一对一谈话，感觉像是一种特权。他从来不会让我们觉得低他一等，虽然我们的确低他一等。他笑起来像个顽童，但足智多谋。（发现他还研究美国原住民文学时，我觉得他肯定是个蛇头、骗子。但我们更愿意把他神话化。有个印度朋友觉得他是善于排除障碍的"象头神"伽内沙。）如果你说话含糊，半清不楚，他就装傻误解你，你只好重新捋顺思路，想清楚自己一开始想要说的话。我发现自己总是倒退着离开他办公室，像是在皇帝陛下驾前一样。

一旦自己做了老师，我最大的愿望就是带给学生他这样的冲击力。研究生第三年，按要求我们要给新生上三年英文课。这个挑战让我觉得兴奋，我一直想当老师。现在，在遇到我的教授后，我比过去更渴望踏上讲台了。但真的站到讲台上，很快，我就像泄了气的皮球。我的一些做法大错特错，但我不明白错在哪里。我带着一长串煞费苦心设计出来的问题来到课堂上，希望引导学生明白那些我想要他们掌握的思想，但他们总是不能给出我想要的答案，整件事沦为了猜谜游戏。

他们不接受我想要告诉他们的东西，只是抱着胳膊靠在椅背上，用十多岁孩子那种怀疑的表情瞪着我。课堂气氛很糟糕，有种可怕的味道。时间像是凝固了一样。大约十分钟吧，我就灵魂出窍飘到天花板上，看着自己在剩下的时间里站在讲台上苦苦支撑。像是那种常见的梦境一样，你发现自己站在舞台上却想不起台词来。我心怀内疚，像逃犯一样冲出教室，或是离开时希望有学生叫住我，在最后一分钟给我判个缓刑。但他们离开教室时总是磨磨蹭蹭。

至于写作——我应该帮助他们提高写作能力——他们每周上交两篇小文章，我辛辛苦苦用红笔批改，像复仇天使一样圈改每一处修饰语、标点符号错误。不管课堂上有多糟糕——

这是我的歪理——帮他们改作文我还是做得到的嘛。下周他们交来的文章，还是出现同样的错误。我想把我的头发全拔光。怎么还没学会？为什么不努点力？他们不理解我为他们所做的一切吗？事情变成这样，我很想责怪他们，但我心里隐约知道我这个老师不是我心目中的样子，更不像我的教授。我开始怀疑自己想要进入学术界是一大错误。

这样一来，转头做其他事只会让我高兴一些。不用说，我论文第一章写的就是简·奥斯丁。我开始重读她的所有小说，这次是按写作时间先后读。也就是说，从《诺桑觉寺》开始读。小说不长，很轻松，读第一遍时我喜欢它青春活泼的魅力，但没有留意其他方面。

凯瑟琳·莫兰，故事的女主人公，只有十七岁，是奥斯丁笔下最年轻的女主人公之一，而且无疑是最天真的那一个。实际上，这个人物可能是奥斯丁自己嘲笑自己的自画像。如果说伊丽莎白是奥斯丁年轻时候的样子，凯瑟琳就是奥斯丁少女时期的样子。她们都是牧师的女儿，住在乏味的乡间，都有一个大家庭——奥斯丁家有八个孩子，凯瑟琳家有十个——还都有很多个哥哥。凯瑟琳十岁时像个假小子："她喜欢吵闹和撒野，不愿关在家里，不爱干净，天下的事情她最爱做的，就是从屋后的绿茵坡上滚下去。"（第一卷第一章）——就是奥斯丁家屋后的那种斜坡。

到了十四岁,凯瑟琳宁可玩"板球、棒球"——是的,棒球,奥斯丁小时候打游击手位置的样子,想想都觉得奇妙——宁可"骑马和四处乱跑",也不喜欢读书,起码不喜欢读正经书。凯瑟琳喜欢读小说,不喜欢研究历史——就像她的创造者,差不多这个年纪时写了讽刺性的《英格兰历史》("由不客观的、充满偏见的、无知的历史学家撰写")。

十五岁,凯瑟琳"渐渐有了姿色",卷起了头发,对舞会有了渴望,读爱情诗,也开始讲究穿衣打扮。她出落得漂亮了,十七岁时长成了一个很有吸引力的女孩。美中不足的是,她生活的小乡村周围没有任何能够让她心动的年轻男子。但她终于有机会跟人去巴斯度假了。巴斯是英国风靡一时的度假胜地,镇上有剧院和舞会,商店和八卦,富丽堂皇的房子和美丽如画的风景,这是一个看人和被人看的地方,也是奥斯丁一家最喜欢的度假地。他们常常陪同奥斯丁有钱的舅舅、舅妈去巴斯度假,舅舅在那里泡"矿泉水"治疗痛风。出于同样的原因,凯瑟琳陪着村里最有钱的邻居艾伦一家来到了巴斯。

在巴斯,凯瑟琳结识了两对兄妹,他们都想在人生问题上照顾她、教导她,但方式很不一样。索普兄妹,即约翰和伊莎贝拉,空虚世故,往凯瑟琳脑子里灌输的都是些错误看法。约翰是个饶舌、肤浅的年轻人,这种人在奥斯丁的时代被称为

"喋喋不休的人"（rattle）：

> 全英格兰有谁敢说我的马套上车每小时走不到十英里……莫兰小姐，你只要瞧瞧我的马，你生平见过这么快的马吗？这样的纯种马！……瞧瞧它的前身，瞧瞧它的腰，只要看看它走路的姿态，它不可能一个钟头走不了十英里，把它的腿捆起来，它也能继续往前走。（第一卷第七章）

约翰显然是个笨蛋，但凯瑟琳也很稚嫩，而且约翰自我感觉很好，听他废话时，凯瑟琳"带着年轻女性的谦逊与恭敬尽可能洗耳恭听，唯恐自己的意见唐突了一个充满自信的男人"（第一卷第七章），只能随波逐流。

但约翰和伊莎贝拉相比根本不算什么。约翰只是愚蠢可笑，伊莎贝拉则自私、虚伪、狡猾。（"这是我最喜欢的位置，"她们在两道门之间的一条长凳上坐下，从这里可以清楚看见走进两道门的每个人，伊莎贝拉说："这里多清静呀。"[第二卷第三章]）伊莎贝拉比凯瑟琳大四岁，让门徒见识了各种伪善手腕：如何调情，如何撒谎，如何卖弄风情。伊莎贝拉操纵自己的新朋友，使出各种手段想把她推到自己哥哥的怀里。约翰单独约凯瑟琳出门骑马，这在当时是很不合礼仪的请求，伊莎贝拉却站出来帮腔。"'那该多有意思啊！'伊莎贝拉转过身，大声嚷道：'亲爱的凯瑟琳，我真羡慕你。不过，哥哥，你车上怕是坐不下第三个人吧。'"（第一卷第七章）

伊莎贝拉的坏影响，部分来自她推荐给凯瑟琳读的那些书。《诺桑觉寺》讽刺了奥斯丁时代风行一时的哥特小说，奥斯丁少年时代写作的小品，竭力模仿的就是这类作品。"诺桑觉寺"这个书名，也是对《尤多尔福》《奥特朗托城堡》等书书名的夸张戏仿。（"诺桑觉"相当于"新泽西"。）奥斯丁本人一定很喜欢这类作品，有点故意作对、又堕落又快乐的味道。如果读得不够多，她不可能讽刺得如此活灵活现。毕竟，你不可能一本接一本读那些你不屑一顾的东西嘛。但凯瑟琳的笑话在于，她相信自己读到的东西。像伊莎贝拉的矫揉造作一样，两个姑娘一起读的那些邪恶贵族、闹鬼城堡的夸张故事——至少，凯瑟琳还天真地信以为真——让女主人公对这个世界有了错误的看法。

不止是索普兄妹，凯瑟琳周围的整个环境——彬彬有礼的谎言，装出来的情感，空洞的社交礼仪——都联合起来误导她。刚到巴斯的那个晚上，艾伦太太带小凯瑟琳参加舞会，因为没有碰到任何熟人，凯瑟琳找不到舞伴：

"多不自在啊，"凯瑟琳小声说，"这里一个熟人也没有!"

"是的,我亲爱的,"艾伦太太泰然自若地答道,"真不自在。"(第一卷第二章)

凯瑟琳的哥哥詹姆斯,约翰·索普大学时期的朋友,这时也来到了巴斯。和凯瑟琳一样,他也被伊莎贝拉蒙蔽了,听妹妹大谈特谈对伊莎贝拉的好印象,他回答说:"很高兴听到你这么说,她是那种我希望你喜欢的年轻女性,她富有理智,毫不做作,和蔼可亲。"(第一卷第七章)在这群人中间,凯瑟琳似乎别无选择,不知不觉,她就开始模仿他们。那个令人失望的舞会之夜结束时,艾伦先生过来找他的太太:

"怎么样,莫兰小姐,"他立即说道,"舞会还愉快吧?"

"的确很愉快。"莫兰小姐答道,尽管想憋住,但还是打了个大呵欠。(第一卷第二章)

幸运的是,蒂尔尼兄妹,即亨利和埃莉诺,对凯瑟琳也非常友好。和伊莎贝拉一样,亨利比女主人公大几岁,但他教导她的方式完全不同。他聪明活泼,古怪搞笑,凯瑟琳刚认识他的时候简直不知道拿他如何是好。他们跳完舞,开始了两人之间的第一次对话:

"小姐,我这个舞伴实在有些失礼,还没有请教你来巴斯多久了,以前来过这里没有,是否去过上舞厅、剧院和音乐厅,是不是喜欢这个地方。我太疏忽了——不过,不知道你现在是否有闲暇来回答这些问题?你若是有空,我马上就开始请教。"

"先生,你不必给自己添麻烦了。"

"不麻烦,小姐,你尽管放心,"接着,他做出一副笑脸,故意柔声细气地问道,"你在巴斯待了很久了吧,小姐?"

"大约一个星期,先生。"凯瑟琳答道,尽量忍住笑。

"真的呀!"蒂尔尼先生假装大吃一惊。

"为什么这么惊讶,先生?"

"为什么惊讶!"蒂尔尼用正常的语气说道,"对于你的回答,情感上总要有点反应才行,惊讶最容易装出来,也比其他反应更合乎情理。好啦,我们接着往下说吧……"

(第一卷第三章)

不像伊莎贝拉、艾伦太太那样教导凯瑟琳遵从社会生活惯例——不自觉地训练她,不自觉地顺从这些惯例——亨利试图唤醒她,让她看到这些规矩有多荒谬。但他不说教,不是说:"莫兰小姐,请看这些惯例是多么虚伪啊。"他只是启发她,让她吃惊，让她发笑，让她失去重心，迫使她去想发生了什么、意味着什么——让她自己思考，而不是直接告诉她答案。

几天后，两个人又一起跳舞。约翰·索普在旁无所事事，过来说了几分钟与马有关的废话，想吸引凯瑟琳的注意（在奥斯丁的时代，人们跳的这种舞，舞伴会分分合合）。两人重新跳到一起时，亨利说了一番抗议的话：

> "我把乡村舞视为婚姻的象征。忠诚和迁就是双方的首要责任。那些自己不想跳舞、不想结婚的男人，不该纠缠他人的舞伴或妻子。"
>
> "但这完全是两码事啊。"
>
> "你认为不能相提并论？"
>
> "当然不能。结了婚的人永远不能分开，还必须共同生活，维持一个家。跳舞的人只是在一个房子里面对面地站半个钟头。"……
>
> "在某一点上，差别肯定是有的。结了婚，男人必须赡养女人，女人必须给男人安排一个舒适的家……但在跳舞时，两个人的职责恰好调了个儿：男人要做到亲切随和，女人要负责扇子和薰衣草香水。我想，这就是你所说的无法相提并论的职责差别吧。"
>
> "不，不是。我从来没有这样想过。"

"那我就大惑不解了。"（第一卷第十章）

这里，亨利从不同的角度、出于不同的理由来敲打凯瑟琳。他还是用幽默，但这次是悖论式的幽默，不是模仿式的幽默。他也不是敦促凯瑟琳质疑社会生活惯例，而是要她审视她的心理范畴，重新思考她的概念盒子。婚姻是一件事，跳舞是另一件事，但真的很不一样吗？有一样的地方，也有不一样的地方。亨利要她想明白究竟是哪里不一样。上次是表演，亨利模仿，凯瑟琳发笑。这次是对话。他挑起她的话头，假装误解她，甚至不惜装疯卖傻，迫使她思考自己的想法，想清楚自己一开始想要说的话。

也就是这个时候，我才明白自己一直以来读的是什么，也明白我这个老师错在哪里了。狡黠，顽皮，反讽，故意装傻让你思考，有点古怪，有点唐突，但总能让交谈变得兴奋起来：这就是亨利·蒂尔尼，这也是我的教授。教授之所以是个好老师，不是因为他聪明，不是因为他博览群书——他当然很聪明，当然读过很多很多书——而是因为，就像亨利引导凯瑟琳那样，他迫使我们自己思考，迫使我们重新思考自己的想法：文学作品众所周知的那些套话，以及我们理解小说、人物、语言的所有心理范畴。

我们这些研究生，其实都是凯瑟琳，忐忑不安地步入新的人生阶段。不对，这样说还是太抬举我们自己了。至少凯瑟琳知道自己很天真，虽然她不知道自己究竟有多天真。我们还都是索普兄妹，身处令人生畏的新世界，缺乏安全感，于是假装自己知道得很多，甚至还竭力想要证明自己知道得很多。我的教授则相反。他假装自己知之甚少，拒绝扮演智者或圣人。或者说，他*知道*自己知之甚少，因为他承认自己所知的一切——他所有的想法和概念——都需要重新评价。

教授和我用的都是问题教学法，但直到现在，我才明白我们问的是截然不同的问题。我的问题，不过是经过伪装的答案而已。我主持的是虐待版的《危险边缘》（*Jeopardy*，哥伦比亚广播公司播出的益智抢答节目），我不是老师，我是在欺负人。我的学生是凯瑟琳；就像凯瑟琳睁大眼睛来到巴斯一样，他们来到大学这个新奇世界，到处是新气象、新的可能性。但是，我不是亨利，我是伊莎贝拉。我不是在帮助他们，而是在操纵他们。而这样做的目的，只是为了满足我的自我，虽然我很不愿意承认。我是在告诉他们应该怎么思考，就算让他们先发言——换句话说，把答案塞进他们嘴里——但我假装自己没有这么做。我想把他们变成小版的我，而不是更好的他们自己。

我的教授提问，不是因为他想要我们找到或猜到"那个"答案，而是因为他自己也还没有想好答案，他真心希望倾听我们的意见。亨利也一样,"跳舞和婚姻是一回事"这个问题本身不是重点,不是要传达什么特殊的信息或教训。他只想让凯瑟琳开动脑筋,让两个人的谈话更刺激,要比"是的,先生,的确很愉快""是的,我亲爱的,真不自在""这是我最喜欢的位置,多清静呀""全英格兰有谁敢说我的马套上车每小时走不到十英里"这类谈话有意思得多。亨利和凯瑟琳都能从交谈中学习,从而建立精神上和情感上的真正联系。

我的教授很像亨利;当然,很快我就意识到,他们俩都像亨利的创造者。幽默、顽皮、挑衅:奥斯丁是这样,《诺桑觉寺》更是这样。奥斯丁用这部小说让我们成为*她的*学生:亨利是她的替身,我们是凯瑟琳;亨利教导凯瑟琳,奥斯丁也教导我们。实际上,有时她通过亨利来给我们上课。亨利对凯瑟琳说的话,也是奥斯丁想对我们说的话。亨利调侃礼节性攀谈的社交惯例时,不免让人想到我们自己谈话时的空洞姿态。而他整顿凯瑟琳的心理范畴时,我们那些懒惰的看法也开始苏醒并活跃起来。

但奥斯丁做得更多。第一个场景,亨利通过模仿施教。他装成另一个人——挤出笑脸、柔声细气、傻笑——全程都在扮演,让凯瑟琳,他的观众,看到其中的愚蠢之处。奥斯丁并没有装成另一个人,但她的确扮演过很多角色。"是的,亲爱的""这是我最喜欢的位置""全英格兰有谁敢说",这些话相当于亨利说的"你在巴斯待了很久了吧，小姐"，充满讽刺意味的表演，让我们注意到我们通常熟视无睹的那些行为。和亨利一样，奥斯丁通过展示，也就是说通过唤醒来施教。她把事情问题摆在我们面前，让我们思考。

奥斯丁写的是小说，不是散文。而且，不像其他很多作家那样，她拒绝把散文放进小说，不愿用散文损害自己的小说。她从不演讲，从不解释：从不中断故事发展，不高谈阔论她希望我们思考的故事意义，不表达她对这个世界的看法。她也从不篡改小说人物，让他们说出她的想法。在写信给姐姐卡桑德拉谈到《傲慢与偏见》的出版时，她曾简略提及自己对这些问题的看法。还是惯有的书信风格，总是以反讽的语气对严肃问题说反话，她声称自己觉得"这部小说太轻松、亮丽、活泼了，这里那里可以写长点，变成整整一章——可以写得合情合埋，也可以写些似是而非的正经废话——写些与故事无关的东西，谈谈写作问题，评评沃尔特·司各特，或是讲讲波拿巴的历史"。这是作者骄傲的谈笑，顺带还影射了其他不怎么样的小说家的拙劣手法。

奥斯丁从不说教，她也不喜欢好为人师的人。《傲慢与偏见》中的玛丽·班内特喜欢引经据典，柯林斯先生喜欢高声朗诵，两个人都被视为傻瓜。亨利从不"告诉"凯瑟琳——只有一次例外，而奥斯丁也温和地嘲笑了他。凯瑟琳和他、他妹妹埃莉诺(对女主人公也很友好)出门散步,登上比琴崖俯瞰巴斯。蒂尔尼兄妹,"带着绘画行家的眼光观赏乡村景色",很快断定"这里可以作出画来"。这里,奥斯丁指的是当时风行一时的"风景如画"(picturesque),景色符合某种视觉审美观:喜怒无常的天气,扭曲的树枝,废弃的棚屋,等等,全都安排得符合绘画艺术。凯瑟琳对此一无所知,于是亨利高兴地讲解起来:

> 凯瑟琳承认自己知识贫乏,痛恨自己知识贫乏,并且公开宣布,她要不惜任何代价学会画画。于是亨利马上就开始给她讲授什么样的景物可以构画,他讲得一清二楚,凯瑟琳很快就从亨利欣赏的东西里看到了美。凯瑟琳听得十分认真,亨利对她也十分满意,认为她有很高的天然审美力。他谈到了近景、远景、次远景、旁衬景、配景法和光亮色彩。凯瑟琳是个大有希望的学生,当他们登上比琴崖顶峰时,她说整个巴斯城不配采入风景画。(第一卷第十四章)

实际上,从奥斯丁的家人那里我们得知,奥斯丁本人热爱风景,就像她也爱读哥特小说一样。但她知道任何艺术、观念、行为模式,如果未经审视,很容易沦为僵化的陈词滥调。一旦过于郑重其事,距离太把自己当回事也就只有一步之遥了。很有可能，不知不觉，你听起来就像是柯林斯先生了，只会"讲演""教导"，而不是让人发笑、让人惊讶。反过来，在你的英明教导下，你的学生，"她说整个巴斯城不配采入风景画"，也就开始说废话了。

现在，我明白小说开头为什么看上去那么奇怪了。开篇第一句话说："凡是在凯瑟琳·莫兰的幼年时代见过她的人，谁都想不到她天生会成为女主角。"这句话取笑的是哥特小说惯例，第一章其余部分针对的都是这些惯例。凯瑟琳的父亲"一点也不喜欢把女儿关在家里"，"这附近没有哪一家抚养过一个偶然在家门口捡到的弃婴"，等等。太明显不过了。但是，现在我意识到这第一句话意在提醒我们注意这部小说也只能在惯例内腾挪变化。一个女主角，一段罗曼史，一个错爱，一个真爱，危险与误解，冲突与困难，揭示和反转，最后，幸福结局。奥斯丁自己的每部小说都利用了这些惯例。没有尸体就没有侦探小说家，同样，没有这些惯例，她就无法施展身手。但是，她也不希望我们被她的惯例裹挟，不希望我们像很多读者那样听凭自己沉迷其中、轻信盲从，把虚构的人造现实误认为真正的现实。奥斯丁对我们说，清醒点，不要想当然，就算是她说的话也不例外。

换句话说，要注意了。特别是注意你自己的感受，因为

103

这个世界总想让你自己欺骗自己。"'的确很愉快,'莫兰小姐答道,尽管想憋住,但还是打了个大呵欠。"奥斯丁说,我们的感受可能有时会让人觉得不礼貌,甚至让人很不舒服。亲朋好友喜欢告诉我们应该怎么想,告诉我们什么才是我们应有的感受,只是为了让他们自己过得更舒服、更高兴。凯瑟琳只见过亨利一面,伊莎贝拉就对女主人公这样说道:

"得了,我不能责怪你……我很清楚,你要是真正爱上一个人,就不喜欢别人来献殷勤。凡是与心上人无关的事情,全都那样索然寡味!我完全可以理解你的心情。"

"不过,你别让我觉得自己很想念蒂尔尼先生,兴许我再也见不到他了。"

"再也见不到他了!我的宝贝,别这么说啦。你要是真这么想,肯定要垂头丧气了。"(第一卷第六章)

别忘了,向女主人公推荐那些浪漫小说的正是这个伊莎贝拉。她希望自己朋友的生活(换句话说,她自己的生活)充满了从书上读来的夸张情感,就算这些情感让凯瑟琳不幸福——或者说,最好是让人不幸福。

但是,亨利的做法恰恰相反。小说后半部分,奥斯丁写了一个与此相对照的场景。当时,伊莎贝拉已经暴露了她虚伪小人的真面目，两个女孩的友谊宣告破裂，亨利和凯瑟琳谈起了伊莎贝拉：

> "我想，你觉得失去伊莎贝拉，也就是失去了自己的另一半。你心里觉得空虚，任凭什么东西也填补不了……你觉得自己再也交不到能够畅所欲言的朋友了。你觉得自己无依无靠，遇到困难也找不到人商量。你有没有这些感觉？"
>
> "没有，"凯瑟琳想了想，答道，"没有，我应该有吗？说实话，虽然不再爱她让我觉得伤心难过，但如果我再也没有她的消息，甚至可能再也见不到她，我也不像别人想的那么痛苦。"（第二卷第十章）

这里，和伊莎贝拉一样，亨利用了同样情绪化的陈词滥调，都是当时生活和艺术中——生活也模仿艺术——那些关于友谊、爱情的陈词滥调，今天也一样，想想"友敌"（frenemy）、"基情"（bromance）、"一辈子的好朋友"（bff）这些词吧。但是，亨利并没有告诉凯瑟琳应该怎么想，只是要求她注意自己的真实感受。在亨利的帮助下，凯瑟琳已经学会这样做了。

"和往常一样，"现在亨利答道，"你的感受总是最合乎人情的。这种感受应该仔细检查，看看究竟是怎么回事。"（第二卷第十章）在《傲慢与偏见》中，伊丽莎白学会让思考战胜情感，读她的故事我也学会了这一点。现在，我还学到了处理人际关系一种更复杂的观点。知道自己的感受很好，如果能思考这些感受就更好了。奥斯丁说，感受是我们认识世界——人类世界，社会生活，周围人——的基本途径。感受是我们做出道德判断和选择的起点。

凯瑟琳对伊莎贝拉有了新认识，这种认识最初只是发自内心，但通过审视这些感受，她的认识达到了自觉的程度。不久，伊莎贝拉写了一封奉承巴结的信，想要重新赢得朋友的青睐，但女主人公已准备就绪。奥斯丁写道："这种肤浅、做作的口气再也不能影响凯瑟琳了，从一开始，自相矛盾和谎话连篇就让她震惊。她为伊莎贝拉感到羞愧，为自己曾经爱过她而感到羞愧。"（第二卷第十二章）

所有这些，都与教授从一开始就试图教给我的那些东西若合符节，虽然他从没有直接挑明过。他的课，最让人震惊的是课上没有涉及的部分。他课上全然没有那些意在培养我们成为专业学者的常规流程，没有参考书目，没有课外补充阅读，没有理论框架，也没有批评术语，甚至连研究论文也没有。长达二十页、要有完备脚注和参考文献的研究论文，本应是我们接受学术训练的基本手段，也是日后出版学术论著的第一步。但他只要求我们每周写一页纸。一页纸，不引经据典，不延伸阅读。只有你、书和他喜欢问的那些烦人的简单问题。

他想要告诉我们的是，文学研究，与学会一种秘密语言、掌握一堆理论技巧无关，也与创造新的学术个性无关。文学研究应该恢复与日常阅读方式——为了乐趣而读——的联系，但同时又要让阅读变得紧张起来，而且要仔细推敲、深入了解。"这种感受应该仔细检查，看看究竟是怎么回事。"既要相信自己的感受，又要仔细检查这些感受。

感受，也是我们了解小说的基本途径。毕竟，小说是回应这个世界的训练场，是磨砺、检验我们道德判断和选择的想象的殿堂。我们的感受，是小说家的用力之处，是他们调色板上的颜料。《爱玛》让我明白什么是无聊乏味，《傲慢与偏见》让我明白什么是确定性，奥斯丁所写的，如果不是我们的感受，还会是什么？好奇，困惑，兴奋；头脑的喧嚣，心灵的骚动——教授告诉我，这些就是我该用力的地方，也是我学问开始的地方。毕竟，正是因为热爱阅读，我才回到校园读研究生的嘛。

我们习惯的阅读方式。《诺桑觉寺》教会我一件事，这件事我的教授和奥斯丁都知道，即我们很难看清眼前事的是非对错，就算我们以为我们看了。遇到亨利前，凯瑟琳不是没有受过教育，而是更糟糕：她被伊莎贝拉、艾伦太太等人教坏了。

比琴崖那一幕，亨利自己也是个坏老师。凯瑟琳一开始真的是无知无识（"她对绘画一窍不通，对富有情趣的东西一窍不通"），等亨利讲解完毕，她什么也看不到了。她能看到近景、远景、次远景、旁衬景、全景、光影，这些都是绘画理论告诉她应该看见的东西，但她看不到整个巴斯，不知道巴斯美在哪里。

这还只是女主人公探访诺桑觉寺前的热身运动，诺桑觉寺是蒂尔尼家的一处哥特式老城堡。和伊莎贝拉一起读过所有那些小说——《奥特朗托城堡》《黑森林的亡灵巫师》《可怕的秘密》《午夜钟声》——凯瑟琳觉得自己知道自己能在诺桑觉寺发现些什么。果不其然，第一天晚上就遇到了风暴，她独自待在房间里，暗门的每个迹象、地板和铁链的每个响动都让她惊慌失措。然后，她发现了一个奇怪的旧柜子，看上去里面很像是藏着些可怕的秘密：

> 凯瑟琳心跳急剧，但并没有失去勇气。心里抱着希望，脸上涨得通红，眼睛瞪得溜圆，手指抓住一个抽屉的把柄，把它拉开了。里面空空如也。她不像刚才那么慌张了，但是更加急切地拉开第二个、第三个、第四个，每个都同样空空如也。……现在只剩下中间还没有搜查过……开门就折腾了半天……可最后还是打开了，而且搜寻的结果不像先前那样白忙一场，她迅疾的眼光立即就落到

一卷纸上，这卷纸给推到秘橱里边去了，显然是不想让人看到。此刻，她的心情真是无法形容。她的心在扑腾，膝盖在颤抖，脸变得煞白。她用抖抖索索的手抓住这卷珍贵的手稿。(第二卷第六章)

黑漆漆的房间，风雨交加的夜晚，藏起来的一卷纸，她所有的期待都要成真了：

> 如此奇异地发现了手稿……这该怎么解释呢？手稿里写着什么？可能和谁有关？用什么办法隐藏了这么久？事情太奇怪了，居然注定要她来发现！……她以贪婪的目光飞快扫视了一页，内容让她大吃一惊。这可能吗？难道是她的眼睛欺骗了她？(第二卷第六—七章)

并没有。她的眼睛没有欺骗她。珍贵的手稿不过是一份洗衣清单而已。

这还只是开始。这个剂量的现实，还不足以治愈凯瑟琳充满想象力的投射，而且在意识到这一点之前，她已经虚构了一个天方夜谭的故事，幻想蒂尔尼家存在隐藏的秘密和暴力犯罪。当时诺桑觉寺的确发生了一些可怕的事情——凯瑟琳正确地察觉到了这个家庭上空阴云密布——但暴力是情感上的，不是身体上的。凯瑟琳看不到这些事情，后来还大吃一惊，因为狂热过头让她看错了方向。她的幻想不仅愚蠢，而且危险。除了长长的通道和旧柜子，诺桑觉寺没有任何神秘可言。妨碍凯瑟琳看到真相的，只是她自己的想法。

奥斯丁告诉我们，我们生来可能眼睛没受过训练，但到了凯瑟琳的年纪，到了上大学，甚至读研究生的年纪，我们的眼睛已经训练得太有素了。现在，我明白教授为什么要问我们那些问题了，用他自己的话来说，那些"气人的"问题了。对他来说，听取我们的意见、平等对待我们还远远不够。事实上，他的教学法最近很受欢迎：鼓励学生表达自己，肯定他们的想法，像派发棒棒糖一样给予正面评价。

但是，学生并不是以开放的心态进入校园的，他们脑袋里装满了概念（"近景、远景、次远景……"），迫不及待想把这些概念投射到他们所读的东西上。如果是大学生，你会去找"象征主义""预兆""基督形象"。如果是研究生，你找的就是"他者的建构""性别话语""权力流通"。无论如何，结果都会和凯瑟琳一样，再复杂的理论，都和眼前发生的事情毫无关系。亨利挑战凯瑟琳，我的教授挑战他的学生，奥斯丁挑战我们每个人。现在我明白了，老师的工作，既不是肯定学生的想法，也不是把自己的想法灌输给他们。老师的工作，是从这个两方面解放他们。

我的教授教小说，凯瑟琳则被小说误导。无论是我的教授还是奥斯丁，他们最终关注的都不是小说本身。他们知道，学会阅读，意味着学会生活。读书时睁大眼睛，只是为了让你任何时候都能睁大眼睛。现在，我明白教授为什么洋溢着青春活力了。他从不满足于确定性，从不停止挑战自己，而且还让我们挑战他，就像他百般挑战我们那样。我意识到，奥斯丁作品核心存在一个悖论。她告诉我们如何长大成人，但同时又希望我们永葆青春。她的女主人公长大成人了，但她笔下的成年人，总的说来都不太好。凯瑟琳和她的监护人艾伦太太在巴斯过了一个漫长的上午：

> 吃过早饭后她安安静静地坐下来看书……出于习惯了的缘故，艾伦太太的说话和喊叫并没有给她带来多少干扰。这位太太心灵空虚，不善动脑，既不会滔滔不绝，也做不到闭口不言。（第一卷第九章）

对于坐在那里专心读书的凯瑟琳来说，艾伦太太是个警告，对我们来说也是个警告。奥斯丁说，小心啊，不要变成她那个样子。

奥斯丁喜欢年轻，因为这个人生阶段我们对各种新体验的态度最为开放。她的重要主题是变化，年轻人还有变化的能力。她的小说富有青春活力，眼光敏锐，活泼有趣，写的都是年轻人和年轻人的关切，成年人往往退处无声的边缘地带，像漫画《史努比》中的父母形象，或是巴斯那天上午的艾伦太太。《傲慢与偏见》只有八个成年人，年轻人则有二十一个，开场就是班内特家的五个女儿。《诺桑觉寺》故事规模较小，但也有七个年轻人，扮演重要角色的成年人只有两个。奥斯丁似乎觉得成年人很无趣，或者说，他们太容易让自己变得无趣了。

从奥斯丁写给侄子、侄女的信可以清楚看出，她在生活中就像在小说中那样赞美年轻。她喜欢和家里的年轻人打交道，款待他们，对他们说的话很有兴趣。当哥哥弗兰克带着自己的新娘拜访兄长爱德华的庄园时，奥斯丁为爱德华的女儿、时年十三岁的范妮写了一首诗，从范妮的视角想象她对新经历的兴奋之情。

当哥哥詹姆斯的女儿、时年十岁的卡洛琳自己也有了侄女时，简姑姑很明白她的感受。她写信给她说："现在你当姑姑了，是个有责任的人了；无论你做什么，都会引起别人很大兴趣。我总是尽量维持姑姑这个身份的重要性，我相信现在你也在这么做了。"

她鼓励，但从不居高临下。她兄弟的三个孩子想写小说——这无疑是受到著名姑姑的成就的鼓舞——对于他们寄来的手稿，奥斯丁回信时都详细地提出赞扬和批评。卡洛琳九岁时写的一个故事，也得到了奥斯丁的认真评论：

> 我希望我能像你一样写得快。我必须要谢谢你对奥
> 利维亚的描写，你为她做得够好的了。但是，一无是处的
> 父亲是她所有错误和苦难的始作俑者，不应该逃脱惩罚。

范妮和安娜，最大的两个侄女，是她生命最后几年中最
频繁的通信人（奥斯丁去世时，范妮和安娜都是二十四岁）。
小卡洛琳，姑姑去世时十二岁，也常和姑姑通信，奥斯丁最后
几个月写给她的那些信最引人注目的是，写信人相信收信人的
成熟，而且从这种交往中得到了真正的乐趣。至于范妮，这段
时间写来的信都是自我反思，对此姑姑回信说：

> 你无与伦比、无法抗拒。你是我生命中的快乐。这
> 些信，你最近写给我的这些信让我多么快活啊！——你
> 竟然这样描述你那颗古怪的心！……你是所有蠢人和聪
> 明人、普通人和怪人、悲伤的人和活泼的人、气人的人
> 和有趣的人的典型。

这里，她可能想到的是凯瑟琳·莫兰，同样充满活力，
同样快快活活，照亮了她和这两个年轻姑娘的通信。最后，还

有1月份写给弟弟查尔斯的女儿、九岁的卡西的一封信，信里每个字都是倒着拼写的，信的开头是"西卡的爱亲，乐快年新你祝"，结尾是"姑姑的你爱，丁斯奥简"。难怪"姑姑简"深受侄子、侄女的喜爱。

奥斯丁作品包含的这个悖论，不一定是悲剧。她告诉我说，人老了也可以保持年轻。我开始意识到，这也是一直以来我不愿意长大的原因之一，害怕失去可能性，害怕自己变成另一个有家有室、沉闷乏味的成年人。现在，对于未来的生活我有了新看法。

住到教授隔壁后，我经常在屋外碰见他。他一直在粉刷他家门前的铁栅栏（他们夫妻俩夏天要出门度假，所以进展很慢），我们有时就站在栅栏前——我背个双肩包，他拿把刷子——聊我心里想的任何事情。有一次，我们聊到《诺桑觉寺》，他让我注意到过去我没想过的一个场景。"当时凯瑟琳对亨利说，'我最近才学会爱上风信子'，"他说，"这太有趣了，你不觉得吗？""呃，好像是吧。"我回答说，我这个反应很正常。"嗯，"他接着说，"奥斯丁想说的是，我们应该学会去爱，爱不是自动发生的。她这个观点不那么显而易见。""不，我想不是，"我说，"爱应该是完全自发的，自然而然，就像一见钟情。""是的，"他说，"但是，最该注意的是，我们*能够*去爱。想想亨利是怎么回答她的。"他显然能背出那一幕，我却需要一点帮助。他开始背起来："一旦来了兴头，谁敢说你到时候不会爱上蔷薇花呢？……能学会喜爱东西的习惯本身就很了不起。"（第二卷第七章）

学习习惯：我的教授——或者说奥斯丁通过我的教授——告诉我的是，如果凯瑟琳十七岁能够学会爱上风信子，我也能在我的一生中学会爱上各种新鲜事物。最初让我学会爱上简·奥斯丁的就是我的教授，那时的我就像抱着那些顽固念头来到诺桑觉寺的凯瑟琳一样，结果完全出人意料。但现在我开始明白了，生活很奇妙，如果过对了生活，它就能不断让你惊讶。就在你觉得没有什么比风信子（或是关于风信子的场景，或是写了风信子这一幕的作者）更无趣的时候，你却发现了喜悦的新源泉。

凯瑟琳觉得自己在诺桑觉寺看见的事情不是真的，但我的教授解释说，小说并不是反对想象。恰恰相反，小说只是反对妄想，反对投射，反对按老一套想事情，不管这些事情是舞会全都"的确很愉快"，还是老房子全都隐藏了黑暗秘密。他还说，真正的想象意味着有能力想象新的可能性，无论是生活还是艺术。艾伦太太和奥斯丁笔下其他那些乏味的成年人，与其说他们无知、愚蠢，还不如说他们缺乏想象力。没有任何事情能够改变他们，因为他们想象不出有什么事情能改变他们。

但是，奥斯丁对于永远年轻的看法，还有一个更深的悖论。我重读这个场景，想起凯瑟琳是*如何学会爱上风信子的*。她对亨利说："你妹妹教我的，我也说不清楚。年复一年，艾伦太太想方设法让我喜爱风信子，我就是做不到，直到那天我在米尔萨街见到那些花。"（第二卷第七章）奥斯丁说，年轻人也需要学会保持年轻，必须善于发现这个世界的物性美（风信子的可爱之处）和自己的德性美（喜爱事物的能力）。他们需要接受已知已觉的年长者的教导，例如蒂尔尼兄妹、我的教授、简·奥斯丁。用例子来教导（"我也说不清楚"），而不是艾伦太太那种可以想见的、煞费苦心的学究教法。

需要老师的教导，这种看法里有些东西会触怒现代精神。它看上去不平等、不民主，有伤自尊，因为它承认自己的不足，让自我完全臣服于另一个人。它也惹恼了我们的浪漫主义情感，这种情感认为自我是自主的、至高无上的。如果像《诺桑觉寺》那样老师是男人、学生是女人，或甚至更糟，年长的男人教导年轻的女人，更会冒犯我们的女性主义情感。

但是，奥斯丁接受，甚至赞美这一点。她的女主人公几乎都有自己的导师。我们知道，在她自己的生活中，也有众多很重要的导师。大哥詹姆斯的儿子詹姆斯－爱德华，奥斯丁第一个传记作者说，年长十岁的詹姆斯"在指导她读书和品位培养方面起了很大作用"。卡波特·德·弗伊德·伊莱扎，年长十四岁、光彩照人的堂姐，从法国光临奥斯丁家，是奥斯丁的朋友和偶像。还有安妮·勒弗罗伊，奥斯丁小时候邻居牧师的妻子，她美丽聪明，生气勃勃，博览群书，机智过人。奥斯丁另一位传记作者克莱尔·托玛琳说，安妮是她"最敬爱的导师"，是她寻求建议和鼓励的"理想父母"。最后，还有卡桑德拉，奥斯丁深爱的姐姐，詹姆斯－爱德华说，就算奥斯丁声名鹊起时，她也说姐姐"甚至比自己更聪明、更优秀"。

关于奥斯丁这个话题，教授和我还谈到过她对导师以及成熟的看法。"奥斯丁想说的是，重要的是花时间与非同寻常的人在一起，"他眨眼说，"这也是我给你的建议：花时间与非同寻常的人在一起。"

回来读研究生的时候，我对接受教育是另一种完全不同的看法。这种看法来自我父亲。他有三个大学学位，说六门语言，自学古典音乐、欧洲艺术和西方历史。他认为受教育就是知道事情，知道事实。而知道的目的——怪异的循环——只是为了"受"教育，可以夸耀自己是个"文化人"（在其他没文化的人面前有优越感）。知识，文化，自我。养育我长大的这个家庭，认为有些事情"应该知道"，"知道"勃拉姆斯、乔托本身就是优点——就算你只知道勃拉姆斯是个作曲家、乔托是个画家——受教育等于"知道"，或者，用我父亲的话来说，等于"熟悉”艺术作品。

我父亲一直不喜欢文学，文学不就是些故事嘛，他更喜欢那些能够给他真正信息的书。不过，我读研究生的时候，他对文学也开始有了兴趣，算是一种分享共同经历吧。我修本·琼森的课，他就读这个剧作家的传记，但不读他的任何剧作。我修莎士比亚的课，建议他至少读读原著。“都读过了，”他说，“二十多岁就读过了。”他确实读过，买了一套全集，从头读到尾。还是在“应该知道”的清单上打卡。

知识，文化，自我。就算我对文学艺术作品意味着什么的看法比我父亲更艰深复杂，但直到读研前，我的这些看法也不过是一种套路而已。我英文课上的那些大学新生们，更不用说那个夏天准备口试时我爱上的那个女孩，还有第一次读《爱玛》时想要约会的那个女生，他们都证明了这一点。但现在我学到了一种新观点，在另一个“父亲”的帮助下，当初搬到他隔壁时，我还担心自己跟他走得太近了呢。这是关于教育的一种新观点，也可以说是关于成为“有文化的”男人的一种新观点。现在我明白了，你不一定要确信，不一定要强大，不一定要靠主导别人获得他们的尊重。真正的男人不怕承认自己还有很多东西需要学习，包括向女人学习。

当然，最终教会我这些有关于知识和教育的新观点的人是奥斯丁。她对那些有"信息"、会"谈吐"的无知自大的人很不耐烦，这些人知道天下事，也能聪明地谈论天下事。无论是教育儿童还是成年人的自我教育，她讽刺的重点都是只懂得掌握事实。伊丽莎白的妹妹玛丽不只是迂腐学究，而且还很笨。有一次，父亲嘲笑她，"你说呢，玛丽？我知道，你是个富有真知灼见的小姐，读的都是鸿篇巨制，还要做做札记"，玛丽"很想发表点高见，可又不知道怎么说是好"。（第一卷第二章）

至于奥斯丁时代的正规教育——当时女性很少有机会接受正规教育——她在一首题为《论大学》的小诗中这样说道：

难怪牛津剑桥很深奥

学问和科学无比丰富

每天都有人为那里注入点点滴滴

但我们几乎见不到有人*把它们带出来*

卡桑德拉去附近庄园拜访朋友，奥斯丁在写给她的信中抨击说：

早餐厅你总能碰见那些读着又蠢又重四开本大书的女士，她们必定熟知天下事。我痛恨四开本。——帕斯利船长的书对她们那个圈子来说太好了。——她们永远不懂为什么一个人要把自己的思想浓缩为八开本。

四开本专用于那些自以为了不起的多卷本大书，八开本只有它一半大，而且不那么自命不凡。至于帕斯利船长的作品《论大英帝国的军事政策和制度》，奥斯丁说自己"一开始很抗拒这本书，但试读后觉得写得很有趣，读起来很有娱乐性"。这说明她对非小说类的严肃作品并不陌生，而且她主要是根据一本书的写法来判断自己能否从中受益。她对四开本的反感，不是因为它们的主题，而是文笔生硬无趣，"厚重"包括了内容和形式两个方面。

当然，她评价最高的还是小说。小说地位不高，被视为琐碎的、女性化的，但她毫不客气地为小说辩护。写信给卡桑德拉谈到附近即将开张的新图书馆时——当时图书馆属于私营，要收取一定费用——她说：

> 至于收费理由，马丁太太说她的藏书除了小说还有各种各样的文学作品。——对我们家来说，她大可不必找借口，我们都很喜欢读小说，从不为此感到羞愧。——不过，对于她另一半自尊自大的用户来说，这个借口还是很有必要的。

《诺桑觉寺》，一部关于阅读小说的小说，当凯瑟琳问约翰·索普读没读过《尤多尔福》时，他清楚地表明自己是个势利鬼："《尤多尔福》！哦，天哪！没读过。我从不读小说。我有别的事情要做。"（第一卷第七章）

奥斯丁教过我们要对这种反应嗤之以鼻。她不反对《尤多尔福》这样的作品，她只是反对人们误读了它们。为了确保我们注意到这一点，小说开始不久，在写凯瑟琳爱读小说时，奥斯丁就说了一段异乎寻常的话：

> 是的，小说。因为我不想采取小说家通常采取的那种小气的、失策的做法，明明自己也在写小说，却以轻蔑的态度去诋毁小说——他们与不共戴天的敌人串通一气，对这些作品恶语中伤，从不允许自己作品中的女主角看小说，如果有哪位女主角偶尔拿起一本小说，她一定是以厌恶的态度翻阅这本乏味至极的小说的……看起来人们似乎总是喜欢诋毁小说家的才能，贬损小说家的劳动，蔑视那些真正有才华、智慧和品位的人的推荐。"我不是小说读者，我很少看小说，别以为我爱看小说，小说能写成这样已经很不错了。"这是人们的口头禅。"你在读什么，小姐？""哦！只不过是本小说！"小姐一边回答，一边装着不感兴趣的样子或是露出羞愧的神情把

书丢开。"这只不过是本《西西丽亚》，或《卡米拉》，或《贝林达》。"总而言之，只有那些展示了智慧的伟大力量、表现了对人性最透彻的理解的作品，只有那些最巧妙地勾画了人世的千姿百态、四处洋溢着机智和幽默的作品，才能用最精湛的语言传达给这个世界。(第一卷第五章)

就这样。至于历史，最"严肃"的读物，凯瑟琳讨厌历史，因为"每页都是教皇与国王在争吵，还有战争和瘟疫；男人个个都是窝囊废，女人几乎没有一个"(第一卷第十四章)。这句话很精彩，但后半句话更意味深长，奥斯丁暗暗表明了自己的态度。"女人几乎没有一个"，换句话说，女性在公共事务中无足轻重，历史与私人领域无关，与个人生活无关。小说则是描写私人生活的一大文类，在奥斯丁的时代总与女人有关，也总是由女人执笔写就的。这也是人们很容易就瞧不起小说的两个主要原因。

历史告诉我们发生了什么事，小说却教给我们更重要的东西：可能会发生什么事。《诺桑觉寺》开篇第一句话是对哥特小说开玩笑，也让我们注意到奥斯丁本人对文学套路的借用，但这句话还有更深的意味。"凡是在凯瑟琳·莫兰的幼年时代见过她的人，谁都想不到她天生会成为女主角。"从最谦逊的开始，走向了最大的可能性。凯瑟琳的确没有成为传统的女主人公，也没有让我们叹为观止的狂野激情和史诗般的冒险经历，但她成了一个更好的人。

睁眼看世界，摈弃确定性和犬儒主义，以开放的态度面对新体验，所有这些都需要真正的勇气、真正的力量，凯瑟琳让自己的生活变成了没有终点的冒险。奥斯丁告诉我们，这才是真正的英雄主义。如果过对了生活，它就会一直带给你惊讶。现在我明白了，能够永远让你惊讶的，就是你自己。毛毛虫想象不了蝴蝶，孩子想象不了成年人，在爱上一个人之前，没有人能够想象爱的滋味。我们永远无法测量我们的内心深处，永远不知道自己潜力的边界。

这些都是需要用一生时间来探索的课程，但我首先把它们用到了我的课堂上。不是把上课想象成一个工程问题——如何把我知道的东西教给学生——而是开始把上课看成是一个促使他们发现自己身上蓄势待发的潜力的机会，在这样做的同时，既让他们惊讶，也让我自己惊讶。从好课堂是"灌输我自己的想法"的课堂，到让我自己学到东西的课堂，这种转变，关键不是因为我能从中学习，而是因为如果我发现了新东西，这也意味着我放手让学生无拘无束地自主思考。

突然之间，教学变成了让人愉快的经历。我乘兴而来，兴尽而归。再也不觉得漫长，大家通力合作，甚至像是冒险。最好的时刻，像是荡秋千一样，抛开条条框框，抛开事先的设想，只是飞在空中，相信有人会在另一边接住你。既让人心惊肉跳，又非常好玩。

我开始喜欢我的学生，而不是生他们的气。突然之间，他们看上去也聪明有趣得多了，我释放他们，而不是为了维持自己脆弱的知识权威而压制他们的才华。他们似乎也开始喜欢我了，愿意和我聊天，甚至对我吐露心事。最让人高兴的是，有几个学生还成了我的朋友，这种特殊的师生情谊，就是我和那个非同寻常的人之间的那种友谊，那个人，住在他隔壁都像是一种特权。

事实证明，我想当教授不是个错误。我只是花了一些时间才发现自己的潜力。我开始学会如何教书育人，但更重要的是，在校园里待了二十多年，我终于学会了如何学习。

第四章

《曼斯菲尔德庄园》：内在的财富

搬到布鲁克林的第一年，我感觉我的生活开始有了新面貌。生平第一次有了自己的地盘，双手双脚在我所能转圈的所有心理空间都变得舒展多了。我给我的蒲团弄了个支架，从街上贱价买了几把不错的椅子，甚至还选了些植物，学着养活它们。（当时，我问花店店员盆栽土坏了怎么办，你知道的啦，如果使用不当的话，他回答说："你是想知道泥巴会不会烂吗？我觉得我是在和我的小弟弟说话！"）英式松饼比萨的日子结束了，我捡起《新家常食谱》，开始做大家都喜欢的"薄荷味烤土豆""迷迭香柠檬蒜烤鸡"。几个月后，我甚至还养了一只猫，这是比较重大的责任了，这个需要家的灰色小家伙，在我工作时就蜷在书桌上陪我。

对于我的自主新生活，我父亲立即就觉察出这中间的心理距离。好几通电话气氛非常紧张，我用了几个他没意识到的字眼（那种四个字母的字眼，不是四音节的）。搬家后几个星期，恐怖的是，我哥拿着摄像机来了。显而易见，长老会——父亲和哥哥——准备坐下来审判我那可耻的闹独立行径了。第二天，我们都回父亲那里过逾越节，观看录像带时，父亲勉为其难地表扬了天花板、飘窗和木地板，但尚未开封的盒子和其他凌乱之处，让他多少挽回些颜面。"不错，"他说，"还少个女人帮忙。"

因为住得离哥伦比亚大学比较远，研究生同学见面少了，我转向另一个完全不同的世界。有个朋友的女友在上东区长大，曼哈顿贵族私立学校出身，她的高中同学大学毕业后都回到了城里，涉足各种领域，过着高等生活。我开始结识这群人，想不这么做都很难，这可是上流社会啊，是伊迪丝·华顿、斯科特·菲茨杰拉德的世界，而且是1990年代的升级版：时髦光鲜的年轻人散发着优雅迷人的光芒，像飞蛾扑火一样，我眼花缭乱，心醉神迷。这是一个做梦也想不到的特权世界，单是旁观这个世界就让人感激不尽了。

这群人里，有顶级百货公司的女继承人，她在东村开了一家雅致的小咖啡馆，和她约会的家伙声称要进军电影业；有消费业巨头的后代，他和艺术学校的女友结了婚；有常春藤名校校长的女儿，可爱，蓝眼睛；还有一个年轻女子，大家的钱加起来好像都没有她多——他们都抱怨她把我们领到一个"街角小店"，甜品起价就是十二美元——而且，她在路上随随便便就找了一个高高大大、像模特一样漂亮的丹麦男朋友。

我参加他们的开幕式以及随后在市区顶楼举办的派对，

在园石山的联排别墅品尝精美小巧的上午茶和优雅的烛光晚餐。我被人领进我朋友的女友长大的东区公寓大厦,电梯门打开时发现自己面前只有两扇门,一扇通往她的寓所,一扇通往另一个人的寓所。我在她家的长岛夏季别墅过周末,那里有四间卧室、一个游泳池,三百多英尺的草坪一直延伸到海湾。

我觉得,这就是我一直以来感受得到,但始终不得其门而入的那个美丽迷人的纽约世界。对于我这样在郊区长大的人来说,纽约就是《绿野仙踪》里的奥兹国,是远方闪闪发光的海市蜃楼,就算在城里住上十年,也不能真正改变这种感觉。大学时期的一千个夜晚,我逛街泡吧,在唐人街吃莲蓉饼,在布莱顿海滩吃俄式薄饼,在韦塞尔卡餐厅喝波兰牛肚汤,我知道"厨房"、针织厂和122表演空间[1],但我从没能摆脱自己只是个受冷落的局外人的感觉。在我想象中,真正的纽约是个魔法王国,衣着光鲜的俊男美女在幽暗的房间里说着隽词妙语,而这个王国就在天鹅绒栏绳的那一头。

但现在,我觉得像是被人塞了一张通行证,虽然踏足的范围依然很有限。朋友的女友对我很友好,她的个性非常吸引人,会讲故事,也很会看人,但她的其他朋友大多都忽略我。

---

[1] 1980年代纽约标志性的夜总会。——编者注

这也怪不得他们。派对上，我不知道穿什么衣服、站在哪里，不知道如何点饮料、如何走来走去。于是，我待在角落里，看着那些女人，试图说些俏皮话稍作补偿。尽管如此，我还是希望这个圈子能有自己的一席之地，哪怕靠的是一些特许。我觉得自己是房子里的知识分子，他们会认可我用文学热情让聚会气氛变得更活跃。男人尊重我，女人留意我。最后，他们中的某个人——是谁倒无所谓——会觉得我很有趣，要我做她的男朋友。

经过那些周末或那些晚上，回来想要重新埋头写作我的奥斯丁并不是太容易。写论文是长途跋涉中最漫长的一段路，而我才刚刚开始；我常常想它究竟会带给我什么，写完后外面是不是就有工作等着我。有时候，我甚至对奥斯丁也失去了耐心，特别是想到《曼斯菲尔德庄园》的时候。当时，我已经读了好几遍了，看不出这本书有什么好，也不明白她为什么要写它。小说似乎与奥斯丁相信的所有一切，与《爱玛》《傲慢与偏见》《诺桑觉寺》里让人愉快的所有一切，与机智、活力和好奇心相互抵触。小说的基调是冷峻的，甚至是苦涩的，它的人生观晦涩不明、拘谨有加。

最糟糕的是，它还迫使我与一个最没有吸引力的女主人公相伴同行。范妮·普莱斯是个贫穷的小女孩，十岁时被富有的姨父家收养。新环境曼斯菲尔德庄园的富丽堂皇，四个自信迷人的表哥表姐，这些都让范妮惊恐畏惧，结果她长成了一个温顺、柔弱的少女，身体虚弱，精神贫瘠。爱玛的自信，伊丽莎白的幽默，凯瑟琳·莫兰对生活的开放态度，范妮一样也没有，她根本就没有幸福和快乐的能力。

考虑到所处的环境，范妮的被动性是可以理解的，但其中隐藏的更像是某种被动攻击性。表哥表姐和几个朋友想要演戏取乐——顺便说一句，演戏这种事，奥斯丁小时候全家人都非常热衷——范妮却拒绝加入这个所谓的不得体计划。而且，置身事外还不够，一想到其他人可能玩得很开心，她就受不了：

> 她周围的人个个都快快活活，忙来忙去，又能干又神气，人人都有自己感兴趣的目标，自己的角色，自己的服装，自己心爱的一幕，自己的朋友，自己的团伙，人人都参加讨论，互相商量，或是从大家提出的有趣的想法中寻开心。只有她一个人闷闷不乐，而且无足轻重。什么事情都没有她的份儿，她可以留也可以走，可以置身于他们的喧闹，也可以从中退出……没人注意她，也没人想起她。（第十七章）

看到这里，我只想说，太糟糕了。但自怜还不足以形容她，自怜本来就是她的默认模式，类似于"别担心，我就坐在暗处"的受难模式。不，在一旁悄悄观看排练，"范妮深信自己从他们的演剧活动中得到了和他们同样的无害的乐趣"。"无害的乐趣"，多么伪善的防御姿态啊。她从演剧活动中得到了乐趣，谴责演剧活动又让她得到了更多的乐趣。

范妮十八岁了，但看起来仍像个小女孩，从第一天来到曼斯菲尔德庄园起，她就故意困在同一个地方。的确，所谓"东室"，楼上她自己的一小块领地，原本是间家庭教室，至今还保留了一些儿童家具。"无害的"，没错。毕竟，范妮对这个名为《恋人誓言》的爱情剧的不满，是因为演剧活动是一种掩护，为表哥表姐与他们的朋友们打情骂俏提供了机会。循规蹈矩，一本正经，古板道学，范妮不过是应付不了成年人性爱的威胁而已。更有甚者，她还不喜欢读小说。不用说，小说对她来说太露骨、太轻佻了。

另一方面，曼斯菲尔德庄园里的其他人也好不到哪里去，很多人甚至更糟。范妮的缺点至少还有可取之处。虽然自伤自怜，却有自我牺牲精神；虽然消极被动，却也耐心十足，宽宏大量，毫无怨言。庄园其他人，各有各的可怕。姨父托马斯·贝特伦爵士，是疏远冷漠、专横傲慢的家长，他坐镇曼斯菲尔德像是一种压制力。（他出国期间，演剧活动才成为可能。）贝特伦夫人，爵士懒散的娇妻，"她这个人整天穿得齐齐整整地坐在沙发上，做些大件针线活……对孩子们还没有对她那只哈巴狗关心"（第二章），像昂贵的抱枕一样可爱聪明、精力充沛。

玛丽亚和朱丽叶，贝特伦家的两个女儿，华而不实，娇生惯养，奥斯丁形容说："她们自命不凡，但表现得体，看起来没有一点虚荣的样子。"（第四章）长子汤姆，是不负责任的花花公子。诺利斯太太，贝特伦夫人的姐姐，大概是奥斯丁所有小说里最讨厌的角色了，她居心不良，悭吝小气，粗俗刻薄，丈夫死后她的反应是"没有他自己也过得蛮好"（第三章），她像恶毒的继母一样折磨范妮，"你要记住，无论你在哪里，你都是身份最低、位置最后"（第二十三章）。不过，全家人确实像对待好仆人一样对待女主人公，因为他们根本就懒得留意她。

全家人都这样，除了埃德蒙，和气体贴的次子，他是这片自私自利沙漠中的正派绿洲。尽管如此，我也很难接受他，他像范妮一样有板有眼，一本正经。实际上，身为导师和可敬的表哥，他首先要为范妮的性格负责。埃德蒙同样也免不了伪善的诱惑。他反对演剧，直到发现自己可以借演剧和某人调情。当然，他不觉得这是调情。缺了一个演员，他埃德蒙只是顶缺而已，免得把这个角色交给家庭圈外的人来演，惹出更不得体的事情来。和那位年轻女子演对手戏也只是碰巧而已，那时他对她的兴趣只比"无害"多一点。

曼斯菲尔德庄园新来了两个年轻人，克劳福特兄妹，即亨利和玛丽，他们是庄园牧师妻子同母异父的弟弟和妹妹。在我看来，这对兄妹是小说正需要的一切，是吹进曼斯菲尔德这个发霉环境的清新空气。亨利时髦潇洒、温文尔雅、成熟健谈、通晓世故，比汤姆更聪明，比埃德蒙更自信，比他俩更有趣。至于他那"长得非常好看的"妹妹，健健康康、快快活活、机智风趣、性格独立，最能让我联想到伊丽莎白·班内特。"我很强壮，"玛丽跳下马背，说道，"只要不是做我不愿意做的事，不论做什么我都没有累过。"（第七章）她甚至还有那么一股子鲁莽劲儿。亨利和玛丽由他们的叔叔，一位海军高级军官抚养长大。"我在我叔叔家里住，自然认识了不少海军将官，"有一次，她嘲讽道，"*少将*呀，*中将*呀，我见得够多的了。"（第六章）调皮的双关语，借军衔影射了英国海军在性方面的名声。（玛丽把"少将"简称为 Rears，"中将"简称为 Vices，前者指"公厕""屁股"，后者有"淫乱"之意。）

克劳福特兄妹有自己独立支配的财产，金钱带给他们的自由精神，是沉滞凝重的曼斯菲尔德庄园前所未知的。他们的出场震动了贝特伦兄妹，小说本身也苏醒了。散步、骑马、郊游、演剧，突然之间，马力全开，活力四射。当然，范妮惊愕不已。他们和她不是一类人，也不像她那样打发时间（她总是长时间坐着）。埃德蒙和玛丽彼此一见倾心，他的稳重性格不情不愿地吸引了她，女主人公陷入了嫉妒的恐慌。

范妮把怨叹藏在心里，玛丽对待她温柔体贴，倒像是出自真正的善意。"我不会去逼她，"范妮拒绝参加演剧活动，恶毒的诺利斯太太在众人面前数落她说，"不过，我会认为她就是个顽固透顶、忘恩负义的女孩……真的忘恩负义到了极点，想想她是个什么样的人":

> 埃德蒙气得说不出话来。不过，克劳福特小姐立即说话了，她以吃惊的眼神看了一会诺利斯太太，接着又看了看范妮，见范妮两眼已经开始泪如泉涌，于是她带刺地说:"我不喜欢我*这个地方*，这个地方温度太高，我受不了。"说着，她把椅子搬到桌子对面靠近范妮的地方，
>
> 边坐定，　边亲切地低声对她说:"亲爱的普斯莱小姐，不要在意，这是个易动肝火的晚上，人人都在发脾气，顶撞人，不过，我们不跟他们计较。"(第十五章)

至于亨利，情场老手，很不招人喜欢，演剧期间他勾引玛丽亚·贝特伦，这位曼斯菲尔德庄园的长女当时已经和一个有钱但蠢钝的年轻人订婚了。就亨利而言，他的动机不外乎满足自己的虚荣心。下一个轮到范妮。亨利对妹妹夸口说只想在范妮心上挖"一个小洞洞"(第二十四章)，但他很快发现局面

颠倒了过来。就像玛丽对埃德蒙一样，亨利惊讶地发现自己受到了范妮沉静细腻性格的影响。他开始热烈地追求她，同时也展现出了自己身上的好品性：耐心、老练、感性、有修养、多情善感。

《傲慢与偏见》最后融合了男女主人公的好品格，净化了他们身上的缺点，所以每次读《曼斯菲尔德庄园》的时候，我都很希望看到曼斯菲尔德和克劳福特的综合体：一边是埃德蒙和范妮，一边是玛丽和亨利。善良配勇敢，稳重配活力。表兄妹逐渐成熟，兄妹俩安顿下来，每个人都变得更好，每个人都得到幸福。

但是，有件事改变了我对《曼斯菲尔德庄园》、对我自己的看法。和私立学校出身的那群人来往一年左右，我朋友和他女友结婚了。婚礼更像是一场加冕礼。婚礼前夕的彩排晚宴在可以俯瞰东河的高级餐厅举行，庄严的结婚仪式在富丽堂皇的东区圣公会教堂举行，丰盛美味、无可挑剔的招待酒宴在附近的私家俱乐部举行。我从柜子里翻出我最好的鞋子，置办了成年礼以来的第一套西服。数百人出席婚礼，绝大多数嘉宾都是新娘父母方的高端商业伙伴或社会人脉。当时，我和几个单身汉看人跳舞——百货公司女继承人穿着皮草领口的黑色衣裙，我们看得目不转睛——有个家伙正好说到新郎："好吧，他如愿以偿啦。"

"什么意思？"我一边问，一边在人群中寻找新郎，他笑容满面，正和岳父的朋友们握手。那些人很酷，自信满满，像是知道所有的权柄在哪里。"他进去了，"有人回答说，"为此他奋斗了很多年。"这倒是真的，我朋友不是那个世界的人。他在南部长大，爷爷是州警，父亲是专业人士，母亲做过空姐。从大学到研究院，他一步步累积学术声望，一路朝东北进发，来到这座城市，用同样的方式换了一份又一份工作。但我从没想过整件事都是一种算计。

不错，理论上我知道有时候人们结婚是为了钱。我读过《了不起的盖茨比》，人们来到纽约，埋葬过去，削尖脑袋挤入上流社会。这些事情我都懂，但从没想过会发生在我朋友身上。我们难道不是因为喜欢才和人交朋友的吗？我们难道不是因为爱情才结婚的吗？我脑子里突然冒出一个词来，"攀高枝的人"（social climber），像是生平第一次明白了这个词的意思。我还想起见过我朋友女友后不久他说过的话。他俩想把我介绍给她的一个老同学，但心存顾虑。他们说："她很难伺候（high-maintenance）。"我问："什么叫很难伺候？"（那时我还没看过电影《当哈利遇到莎莉》）"很难伺候最糟糕，"我朋友说，想法表述清楚这个词的真正可怕之处，"比丑八怪糟糕，比穷光蛋糟糕！"

好玩的是，当时我并没有真正想过这些话的意思。也许想了，但并没有放在心上。他们这一对很有意思，和他们在一起会见识更多有意思的事。我不想听他真正想说的话，就算听了，可能也不愿意相信。但现在，在婚礼上，看到他们领我进入的这个世界展现在我眼前，看到这个世界的逻辑暴露无遗，我被迫开始思考这一切究竟意味着什么——优雅下面的贪婪，华彩背后的残忍——更重要的是，我这是在做什么？如果我朋友是个攀高枝的人，那我呢？我没想过走我朋友那样的路，甚至也没想过这条路通向哪里，但我对金色人群的向往，渴望被他们接受，加起来难道不是一回事吗？我是要变成哪种人呢？我已经变成哪种人了呢？

我希望我能说那天晚上我背弃了那个世界，但事情并不是那么简单。这对新婚夫妇仍然是我的朋友，而且无论如何，抽身远离那些诱人的东西不太容易。但我的确开始留意各种事情——这些人如何对待别人，如何对待他们自己——留意那些过去我不愿意看的事情。我重新回到我的论文，很快就意识到，在接触那个世界之前有人已经告诉我应该知道的所有一切，我只是听不进去而已。我终于发现，我就在简·奥斯丁的小说里，而且是某一部小说。这个奢华与残忍、魅力与贪婪、冷漠与乐趣并存的世界，不就是《曼斯菲尔德庄园》的现代版吗？

意识到这一点，真是让我大惊失色。我从奥斯丁那里学会了解自己，无论学了多少，我从没想过我们的世界竟如此相似。我生活在民主国家，她生活在贵族体制。我这个世界，人们可以凭借天赋和努力出人头地；她那个世界，出身几乎决定一切。我这个时代，人们因为爱情而结婚（至少我是这么想的）；她那个时代，为金钱和地位结婚，或多或少被视为理所当然。但现在，我发现我们的世界很相似，特别是目前我涉足的这个阶层。两个世界的理念看起来如此不同，背后的态度却一模一样：同样的价值观，同样的动机，同样的野心。我意识到，不管我想要相信的是什么，这个国家还存在贵族体制，而我正看着它。于是，婚礼后几个月，我继续在那个世界里穿行，但更谨慎、更自觉，一个相互启迪的过程逐渐展现出来。《曼斯菲尔德庄园》让我理解了我的体验，我的体验又让我理解了《曼斯菲尔德庄园》。

毕竟，在那些曼哈顿有钱人中，我不是范妮·普斯莱还会是谁呢？一个局外人，一个旁观者，蹑手蹑脚待在角落里，根本没有人注意。太傻了，竟然以为自己真的能够融入那个圈子；太可悲了，竟然幻想凭着自己的学识可以抱得美人归。现在，我终于明白小说为什么要用那么多笔墨来描写金色青年自娱自乐的演剧活动了。这段插曲只是彰显了一个一直以来存在的事实，即范妮永远都只能是个旁观者。置身事外或许是她的选择，但关于金钱和地位的大戏一直都在她身边上演，舞会、游戏、调情、婚配，和我一样，她没得选，只能坐在旁边观看。我们没有台词，就算会背台词，也没人给我们角色让我们演。《恋人誓言》，这个剧名选得太好了。范妮不名一文；至少，演剧活动时的范妮，短时间内也不会有机会背诵那些台词（后来亨利追求范妮，是奥斯丁安排的一个奇迹）。

我也开始理解曼斯菲尔德庄园本身在小说里的独特地位了。这不是奥斯丁唯一一部以地名作为书名的小说，但其他地点的存在感都比不上这部小说。她的其他故事，并没有长久局限在一个庄园的范围内。小说第一句话就提及曼斯菲尔德庄园，小说最后一句话也出现了庄园名字。我们看到这个庄园的日常作息，知道仆人的名字，了解其财富的由来。我们知道这个空间的众多丰富细节，这在奥斯丁其他作品中是看不到的：家人聚会的客厅，年轻人演剧的弹子房，范妮舔舐伤口的东室，还有花园、马厩、牧师公馆和园林。难怪小说要以庄园名字命名。曼斯菲尔德庄园是仅次于女主人公的重要角色。

为什么这么说呢？只需提及我还是个十七岁郊区男孩时就来到的这个城市。曼斯菲尔德庄园之于范妮，如同纽约之于我：这里令人敬畏惊惧、危机四伏，这里是价值观神秘莫测的迷宫，是充斥象征意义和情感意义的空间。伊丽莎白·班内特长大的朗伯恩，爱玛生活的哈特菲尔德，我们几乎一无所知，因为女主人公对她们的环境熟视无睹。如果从埃德蒙的视角讲述故事，曼斯菲尔德庄园同样也会成为一种中性背景。

但小说用范妮的眼睛观看，她以乡下人的好奇睁大眼睛观看。在她眼里，曼斯菲尔德没有什么是中性的，没有什么是理所当然的。小说写其他事件的同时，写的也是她与这个庄园的相遇。曼斯菲尔德是小说的一个角色，同样，纽约也是众多影视剧的一个角色，如《出租车司机》《安妮·霍尔》《宋飞传》《欲望都市》。曼斯菲尔德和纽约不只是地名，还是风土、情绪和文化。它们有自己的气候、自己的语法。

这使得我认识的贝特伦兄妹、克劳福特兄妹——那些曼哈顿之子们——对我来说格外有吸引力。他们来自一个神奇的地方，携带着它的耀眼光晕，还都长得漂漂亮亮、风度翩翩。小说里的克劳福特兄妹也是如此，他们身上代表的东西比曼斯菲尔德更大：他们从小在伦敦长大，过去的伦敦，相当于今天的纽约。相对而言，贝特伦兄妹就是乡下人。现在我明白了，克劳福特兄妹是扬着伦敦迷人魅力的风帆来到曼斯菲尔德的。伦敦是他们世故、见识和信心的来源。

当年轻人讨论如何"改造"庄园时——用今天的话来说就是"翻修"，这是当时的时髦话题——玛丽以城里人的冷淡口吻说起自己的看法："要是我自己在乡下有一座庄园，随便哪一个勒普顿先生(著名的园林规划师)，只要他愿意来美化它，花我多少钱就给庄园增加多少美，我会对他感激不尽；在没有完工之前，我看都不去看一眼。"（第七章）用钱换取美：玛丽不仅炫耀自己的财富，还体现了大都市人漫不经心处理问题的方式。她想说的是，伦敦人不会因为小事情弄脏自己的手，他们只需动动手指头，世界就变样了。

玛丽势利吗？也许有一点。这是她一贯的做派。她做出迷人的样子。直到现在，我才明白"迷人"究竟意味着什么。毕竟，"迷人"是动词，是行动，而不只是一种状态。玛丽的迷人之处，不同于伊丽莎白·班内特、凯瑟琳·莫兰，她们是不自觉的，迷人是她们性格特征的自然结果。玛丽志在赢得人心。这是一种表演，是行动。（我也再次看清演剧活动的意义，奥斯丁别具匠心地把演剧活动放在小说的中心位置，因为这些人从头到尾都在表演。）这么说，看似不合常理。那些比你好太多的人，有必要向你这个癞蛤蟆、乡下佬证明他们究竟有多好吗？是的，因为他们需要知道你觉得他们好。显然，不管看起来多么淡定自信，他们实际上没那么自信。

我意识到，玛丽很像我朋友的新婚妻子，像得可怕。从认识她的那个晚上起，我就完全被她迷住了，她的故事、她的妙语、她的奔放风趣。但现在回想那次见面，我才发现一切都是算计过的。我当然被迷住了，她要的就是这个结果。我恍然大悟。她对我做的事，正是克劳福特兄妹对曼斯菲尔德的人们、对小说读者所做的事。换句话说，是他们对我所做的事。

于是，我终于开始明白奥斯丁《曼斯菲尔德庄园》高超技巧的深度了。玛丽诱惑埃德蒙，亨利诱惑范妮，他们的创造者确保他们同时还诱惑我们。我被他们迷住，不是小说的错，不是因为奥斯丁创造了她自己也无法控制的人物，这正是小说的策略所在。就像《爱玛》《傲慢与偏见》那样，她再一次精心调度我的反应，让我从自己的反应中汲取教训。她*想要*我喜欢克劳福特兄妹，然后要我弄清楚原因。只不过，这次我用了更多的时间才想明白。

那个晚上我朋友的妻子有特殊理由要博得我的好感，因为我是她新男友的朋友，但现在我开始明白，其实她并不需要什么特殊的理由。说来也巧，她本身也是个演员，或者说读大学时是个演员，后来放弃了，她对我说这是因为她觉得自己"顶多演些洗发水广告"。她去了法学院，用她自己的话来说，"我觉得我当律师比当演员得到的戏份更重"。如果说她夸耀自己在派对上的魅力，她也会夸耀自己打动陪审团、牵着他们鼻子走的手腕。

和克劳福特兄妹一样，她操纵别人，只是因为她高兴自己有能力这么做，而且她愿意挑战自己能否做到这一点。玛丽也很会看人，埃德蒙对范妮倾吐说："我认识的人当中还没有一个比她更能判断人……她很了解你……至于对其他一些人，从她偶尔的一些暗示中，我可以看出……如果不是有所顾虑不便直说，她会同样准确地说出许多人的性格特点。"（第二十一章）就此而言，我朋友的妻子，还有我朋友，都是敏锐的观察者，而且无所顾忌、直言不讳，经常告诉我他们对其他私立学校出身的人的看法：说这个人"很难伺候"；说那个十二美元甜点的女性找帅气男友"像是买本好书"；说某个女性"被激情吓坏了"，因为她的伴侣伤感多情。直到现在，我才开始想他们在别人面前是怎么说我的，他们背后肯定会说三道四，开始想他们究竟是如何不知不觉操纵我的。

《曼斯菲尔德庄园》也一样。玛丽安慰受到诺利斯太太恶言恶语攻击的范妮，她可能是出于好心，奥斯丁俏皮地暗示说："她几乎是完全体现出了真正的好心。"但她也同时操纵了两个人。玛丽知道，要赢得埃德蒙的心，得从范妮入手；要赢得范妮的心，得从范妮的哥哥威廉入手。威廉是海军，是范妮依恋的原生家庭中的一员。果然，玛丽接着就问起了威廉，说自己很好奇，想见见他，"觉得他是个非常漂亮的青年"，范妮"不得不承认人家说得非常令人愉快，不由自主地、精神振奋地倾听着，回答着，这是她不曾想到的"（第十五章）。

任务完成。但玛丽还是个连环操纵者。她操纵托马斯爵士，操纵贝特伦夫人，甚至莫名其妙地操纵诺利斯太太。不过，小说"操纵按钮"的宏大交响曲，还是亨利决定出手追求女主人公。他对玛丽说：

> 我并不完全清楚范妮小姐是怎么样个人……她是不是爱一本正经？她是不是古怪？她是不是有点造作？……我这一生中还不曾碰到过一个这样的姑娘，和她在一起这么久，求她欢心，而这样不成功！……我一定要扭转这个局面。她的表情在告诉我："我不喜欢你，我决不喜欢你。"但是我要说，我会让她喜欢我的。

玛丽警告他不要伤害这个脆弱的姑娘，他抗议道：

> 不，我不会害她的，她这个可爱的小鬼！我只是要她以友好的眼光看我，为我脸红，还要对我微笑，我要她不论我们在什么地方，都在她身旁给我留一把椅子，当我坐在她身旁和她说话的时候，她要兴致勃勃，我要她和我想到一处去，对我的财产、我的享受感兴趣，想让我在曼斯菲尔德更久地住下去，我要她感到我一走她就永远不再快活。（第二十四章）

这番话本身就是一小篇关于如何操纵人心的杰作，掩盖真实意图，一步一步把我们骗到意想不到的地方。

后来，亨利真的爱上范妮了吗？我觉得他以为自己付出了真爱，但现在我开始思考范妮对他这样的人来说意味着什么，范妮作为朋友对玛丽这样的人来说意味着什么。"花我多少钱就给庄园增加多少美"，克劳福特兄妹习惯于穿行在一个供他们购买和享乐的物质世界，这让我想到，他们也习惯以这种态度对待别人。我认识的那些曼哈顿富家子弟，当然也没什么不同。"像是买本好书"，话说得难听，却是事实。

现在，亨利想要购买的那种美，让这种看法更加令人不寒而栗。范妮长成了一个漂亮女孩，但真正让亨利动心的，是演剧活动几个月后范妮与哥哥威廉重逢时的那一幕："范妮容光焕发，两眼发亮，兴致勃勃，全神贯注……这种形象，亨利·克劳福特从道德品味上感到欣赏。"（第二十四章）"道德品味"，这种说法真是太虚伪滑头了，一个人性格中最重要的方面被等同于美酒佳肴，供人买卖、吞食和评判。

我看到了外表下面的价值观，我还很肯定我的性格也遭到了他们的活体解剖（我见过他们这么对待别人），但真正让我对我的朋友和他们那个世界开始感到厌倦的是那种物化感。我开始意识到他们也是以这种方式对待我的。我的朋友们不仅非常喜欢娱乐他人，他们还明白无误地告诉你，他们也很想从中得到乐趣，就像亨利"很不喜欢""永远住在一个地方，社交活动受到限制"(第四章)一样,他们连一秒钟的无聊也忍受不了。说来奇怪,虽然在一起这么久了,直到现在我才开始意识到自己在他们身边就从没真正放松过,感觉只要和他们在一起我就得一直屏住呼吸。总感觉我必须*随时待命*,必须时刻准备着说些妙语趣事。

我约会经历的所有那些窘迫糗事,都成了他们反复提及、用来取乐的一连串笑料,这倒没什么,某种程度上还有助于消解情场失意的痛楚,但也容不下任何真正的同情和共情。在物化的过程中,我自己也是无意识的帮凶,我想做个会讲故事的人,以保住自己的一席之地。但是,似乎也没有什么别的选择。在这些人面前,你不能表现得很脆弱(毕竟,他们背后已经开始说你"很难伺候"了),甚至也不能像平常那样表现得四平八稳。有时候,接连好几个星期没有他们的消息,我开始觉得自己像个玩具,想起来就被捡来玩一玩,厌倦了就被丢到一边。

这也和《曼斯菲尔德庄园》一样,最初亨利和玛丽谈到自己对女主人公的攻心计划时,玛丽的回答就暗示了这一点。当时,玛丽亚·贝特伦已经嫁给了那个有钱的笨蛋,妹妹朱丽叶——亨利在曼斯菲尔德最先征服的对象——也跟着他们一起度蜜月去了(这在奥斯丁的时代并不罕见)。亨利打起了范妮的主意,玛丽对亨利说,"有她那两位表姐你该满足了",但"实际原因是……你总是需要有个人和你相好"。玛丽坚持认为:

"如果你真的要对她下功夫，你说服不了我……我认为你是出于无聊和愚蠢，再不会有别的原因。"对亨利而言，这时的范妮不过是种消遣而已，是他不骑马、不打猎时的活动。用他自己的话来说："你知道我不打猎的时候准备怎么消遣吗？"（第二十四章）

贝特伦兄妹，克劳福特兄妹：如果奥斯丁出自并深爱贵族阶级，那她为什么要对这个阶级说这样可怕的事情呢？并不是。和一般人的想象不同，奥斯丁本人既不是贵族，她的作品尤其是《曼斯菲尔德庄园》也清楚表明，她很不喜欢贵族阶层。她的女主人公，虽然有的也有钱，但从来都不是书中最有钱的人，通常也没有嫁给最有钱的人，最有钱的人往往很卑鄙，越有钱越卑鄙。

至于奥斯丁本人，她父亲是牧师，她的亲朋好友——叔伯兄弟，家族朋友——大多都是牧师、律师、军官。绅士，是的，但肯定不是贵族。奥斯丁家境还不错，但说不上富贵，更不像她笔下的那些家族，不是有土地就是有头衔。就算贝特伦家屈尊与他们结交，也会以最疏远的方式，最多偶尔邀请他们和本地区其他受人尊敬的家庭一起参加舞会。

伊丽莎白·班内特姐妹不用做家务活，贝特伦夫人和她的女儿们顶多像当时淑女打发时间那样做点高级针线活，但简和姐姐卡桑德拉,从小就有全套的家务活要做:为父亲、兄弟和自己做衣服,在厨房、奶牛场、花园和家禽场帮助母亲——烤面包,酿酒,煮果冻、果酱——该割草的时候还要拿起耙子。

奥斯丁牧师去世时,简二十九岁,她和姐姐继承的财产,不是班内特姐妹每人所期望的一千英镑,更不是玛丽·克劳福特已经拥有的两千英镑,而是一无所有。她们所有的一切,全都仰仗他人,这个"他人",既指她们的母亲,她自己也用度不足,也指其他亲戚。这是奥斯丁去世前,她们姐妹、奥斯丁太太和另一位女士共同住在一间由亲戚提供的简朴房子里的最重要原因。

奥斯丁时代结不成婚、不能继承遗产的女性——能否找到丈夫,也取决于你财产的多少——很少能够自己养活自己。奥斯丁提醒某个侄女说:"单身女子的可怕前景是贫穷。"奥斯丁这个阶级的年轻女性,最常见的选择是像《爱玛》里的简·费尔法克斯那样去别人家里做家庭教师,受人摆布,形同奴隶。奥斯丁靠自己的小说挣钱,也是在三十五岁出版第一部小说后——《理智与情感》挣了一百四十英镑,《傲慢与偏见》一百一十英镑——每分钱都花得精打细算。她说:"虽然我像每个人一样喜欢受到赞美,但我也喜欢爱德华所说的*银子*(Pewter)。"她不纯粹是为了兴趣才写作的。

奥斯丁不是贵族出身,也没有成为贵族一员,但幸运的是,她有机会坐在前排观察这个阶级。还是那个爱德华，她的三哥，有幸被远房亲戚收养，那对夫妇很有钱，膝下无子，爱德华继承了他们的财产，改姓"奈特"。爱德华的故事可能是奥斯丁写作《曼斯菲尔德庄园》的灵感，而且爱德华的长女，小说家最喜欢的侄女，在奥斯丁动笔写作这部小说时，和范妮·普莱斯一样年方十八，也名叫范妮。不过，虽然爱德华贡献了收养这个点子、范妮·奈特贡献了女主人公的名字，女主人公的各种体验——被排斥，疏离，依附于人——却只能出自奥斯丁本人。

虽然奥斯丁多次造访爱德华的高德默逊庄园（Godmersham Park），还和范妮·奈特建立了友谊，但她始终都被看成是穷亲戚。就像范妮·普莱斯在曼斯菲尔德庄园、我在纽约富人圈一样，她始终都是个局外人，低人一等。这不是爱德华的错，据说爱德华慷慨大方，无可挑剔（奥斯丁父亲去世后，他借出自己另一处庄园的房子供奥斯丁家的女人们居住）。也不是爱德华妻子的错，虽然每次临盆（她一共生育了十一个孩子）需要未婚小姑子帮忙时她更喜欢卡桑德拉。据另一位侄女说："小有才华对高德斯通·布里奇斯家（爱德华妻子的娘家）大有帮助，但才高八斗，就只能渐行渐远了。"

错只错在那个体制。虽然是近亲，虽然生就良好的性格和心灵，奥斯丁也被视为低人一等，因为按照当时人的想法，她就是低人一等。奥斯丁去世五十多年后,做了有头衔的夫人将近五十年的范妮·奈特,说出了这个事实,坦率得近乎残忍。她回忆说,简姑姑"不够优雅,与她的才华很不相称",奥斯丁一家人"并不富裕,他们交往的人出身也不高贵,或者干脆说都是些平庸之辈。当然,她们家在智力和修养上要高出一筹,可是要说到优雅,他们却是半斤八两",至于两位姑姑,卡桑德拉和简,"是在对这个世界和这个世界的方式(我指的是时尚等方面)几乎一无所知的情况下长大的,如果不是因为父亲的婚姻……纵使她们天资再聪颖,性情再和顺,也与上流社会的标准相去甚远"。

记住,这是奥斯丁最疼爱的侄女。她不是刻薄,她只是说实话。这就是人们看待"社会""世界"的方式。这家人固然不错,但不能取代"优雅""时尚"或"出身高贵"。卡桑德拉前去帮助怀孕的嫂子,无疑是心甘情愿的,但绝不是因为她有选择的余地。爱德华心甘情愿把房子借给母亲、妹妹们居住,但这只能让她们依附于人。难怪奥斯丁在高德默逊庄园最好的朋友——这段友谊持续了她的一生——也是一位家庭女教师,一个同样边缘、低人一等、仰人鼻息的人。也难怪她用一生时间悄悄观察那里,创造出了贝特伦、克劳福特这些犀利的贵族形象。

奥斯丁让我看到家境富裕、出身名门的人对待别人的方式——物品或工具，傀儡或玩具——但她最深刻的教训是权力和奢华对这些人自己造成的伤害。和那些总想要你去取悦他们的人做朋友，不好玩；但如果你是一个总需要被取悦的人，更糟糕。克劳福特兄妹的能量，乍看上去很像是活力，玛丽在院子里骑马驰骋，亨利在乡间跑来跑去，现在看来不过是不安分、不满足而已。某个阵雨天，玛丽在曼斯菲尔德牧师公馆（她姐姐和姐夫的房子）百无聊赖，"心情沮丧地看着窗外的凄雨秋风，哀叹当天上午户外活动的计划受到破坏，二十四小时以内除自己家里人以外再也见不到另一个人"，碰巧看到在院外避雨的范妮，便邀请她进屋。

奥斯丁写道："这一桩悦目慰心的新鲜事持续了这么久，克劳福特小姐的冲冲兴头足可维持到更衣吃正餐的时候。"（第二十二章）快乐时光转瞬即逝，这是怎样的一种指责啊。奥斯丁告诉我们，玛丽的内心生活竟然如此贫瘠，她无法静下心来读书、画画，甚至坐着沉思也不行，她连独自待在屋内几个小时都受不了。永恒的娱乐，是饱食终日、无所用心的有钱人的特权，但似乎结果只会面临无聊无趣的永恒威胁。

奥斯丁告诉我，那些要什么有什么的人，得不到自己想要的东西时会很不开心。克劳福特兄妹的到来，使曼斯菲尔德开动了各种娱乐计划——演剧活动，造访玛丽亚·贝特伦未婚夫的庄园——但他们总有办法让事情变味儿。人人争着要演最好的角色,要坐马车最好的位置,争着谁有机会和某人调调情。换句话说,人人都在为自己想要的那种乐趣、为谁得到的乐趣最多而争吵。

割草季节,玛丽的竖琴从伦敦发货了,她不能理解为什么很难雇到一辆马车把竖琴从附近城镇运过来:

> 我发现这件事如此费劲,感到吃惊。我觉得乡下不可能没有马和马车,所以我叫我的使女立即雇上一辆。我每次从我的化妆室往外看去,总会看到一个农家院落,我在灌木林里散步,总会经过又一个农院,我原以为马车是一雇就到的……当我发现我要的东西是世界上最不合理、最要不到的东西,而且惹得所有的农民,所有干活的人、教区的所有男男女女生气的时候,你猜一猜我是多么感到意外。(第六章)

一如既往,话说得很迷人,意思却再明白不过。"我叫我的使女立即雇上一辆",玛丽不习惯等待农民们帮忙,她也不打算习惯于等待。和哥哥亨利一样,和贝特伦家大多数人一样,她是那种不习惯听人说"不"的人。

埃德蒙,身为次子,必须自谋生路,准备将来当牧师。威廉,范妮的哥哥，即将成为海军军官。但长子汤姆，什么也不想做。他是继承人嘛，觉得自己生来就是"为了花钱和享受的"（第二章）。亨利·克劳福特呢？和我认识的那些有钱的年轻人一样——那位开咖啡馆的女继承人，不太成功地尝试了一下法学院；或她男朋友，业余玩玩电影——亨利也是半瓶醋。

埃德蒙谈起自己的未来时，亨利觉得布道是件很值得钦佩的事。"不过呢，"他接着说，"我必须有一班伦敦听众。我只讲给那些有知识的人听……我不知道讲的次数多时我喜欢不喜欢。"（第三十四章）威廉讲述自己的冒险故事时，亨利也希望自己加入海军。奥斯丁这样写道："他但愿自己去过海上，见过这些场面，干过这些事情，受过这么多苦难。"措辞很准确。亨利希望的，不是在海上，而是去过海上，苦已经吃过了，是时候收割荣誉了。"在他那光辉的英雄气概、服务精神、艰苦奋斗和吃苦耐劳的精神对比之下，他自己一味吃喝玩乐显得卑鄙可耻。他但愿自己也是一个威廉·普莱斯这样的人，充满着自尊和快乐的热忱，靠自己奋斗来建功立业，而不是自己这个样子。"（第二十四章）

但这种念头转瞬即逝。既然毫无必要，为什么还要努力工作呢？在这个世界上如果你有的是钱，为什么还要限制自己的自由呢？亨利凡事都想涉足，但全都浅尝辄止，最后一事无成。我认识的那些富家子弟，包括私立学校出身的那些人，以及通过其他社会关系认识的人,他们身上的这种困境并不是不常见。很多人一直漫无目的,有些人非常痛苦,没有人对他们有任何期待,这从精神上击垮了他们。我听说,最最有钱的那些人,不自杀就算是很不错的了。我忍不住想,如果他们知道财富对于自己的孩子意味着什么的话,他们一开始还想要成为富人吗?

克劳福特的圆通世故,曾给我留下如此深刻的印象,但现在看来,这其实是一种狭隘。割草季节时玛丽说的那番话,还有她无法理解这里有些事情优先于伦敦时尚,这不仅是一种膨胀的权利意识,也是那些觉得自己是世界主义者的人所有的一种特殊的偏狭性。一旦意识到这一点,我就发现这种现象在我身边无处不在,而我自己也说过类似的话。小地方出身的人至少还知道天外有天,但如果你生活在"世界的中心"——奥斯丁那时的伦敦,我们今天的纽约——那就没有其他的世界了。你怎么还会想要在城外过一天呢?你怎么还会费神与其他地方的人打交道呢?

割草事件之前,玛丽费了一番劲才打听到竖琴最初运到了哪里:

实际情况是,我们打听得太直接了,我们派仆人去,我们自己亲自去，离伦敦七十英里，那样做是不行的。但是，通过正确的途径，我们今天上午得到了消息。是一个农民看见的，他告诉了磨坊主，磨坊主告诉了屠户，屠户的女婿告诉了那家商店。（第六章）

这番话，像是纽约人笑话芝加哥披萨[1]、洛杉矶文化，或是笑话他们在佛蒙特州度假时遇到的那些古怪迟钝的人。

我觉得，这不仅仅是势利，更可怕的是缺乏好奇心。玛丽习惯了"伸手就有"的世界，习惯了以毫无人情味、冷冰冰的方式花钱买乐子的交易，她没有兴趣理解乡村生活人们面对面打交道的肌理。这里，新闻都是口耳相传，每个人都在割草这样的公共事务中通力合作。我意识到，不需要努力争取，也就意味着不需要思考。克劳福特兄妹至少还聪明伶俐，但玛丽亚、朱丽叶姐妹，从小养尊处优，备受宠爱，头脑空空如也，她们的母亲，不用说，懒惰愚蠢，只不过表现得比较艺术而已。

想到这一点，我简直不敢相信自己过去有多蠢。我意识到自己听信了书中最古老的神话：上层阶级都是城里人，有文化，心智成熟。这可能是奥斯丁的错，也可能是其他人的错——

---

〔1〕 芝加哥厚底披萨，是芝加哥最具特色的美食。——编者注

说着风趣俏皮话的伊丽莎白们和达西们——但现在,我只需要明白,奥斯丁想要告诉我们的是这一切都很荒谬。优雅的举止和活跃的心灵完全是两回事,鼓鼓的钱包和有趣的思想并没有必然联系。上层阶级的日常追求,更多与马有关,而不是与书本有关。至于今天,那些衣着光鲜的漂亮朋友并没有坐下来说俏皮话,他们嘴边挂的是人名,谈的是房地产。比奥斯丁晚半个世纪的马修·阿诺德(Matthew Arnold)造了一个新词"市侩"(philistines)形容中产阶级,但他形容贵族阶级的词更不好听:"野蛮人"(barbarians)。伊丽莎白·班内特这样的人,是少有的例外。连玛丽·克劳福特这样的聪明人,也更爱锻炼自己的身体,而不是自己的头脑。

奥斯丁让我明白,财富和舒适,戕害的不只是心灵。汤姆在外生病时,范妮小在庄园,贝特伦夫人写信告诉她相关消息。这位姨妈让自己的生活远离任何麻烦、困难或努力,最终也不明白自己孩子究竟出了什么问题。换句话说,她也不明白自己的生活出了什么问题。奥斯丁说她写给范妮的信,不过是"混杂着推断、希望和担心"(例如,"我相信并希望他发现病人的病情没有我们想象的那么可怕"),无懈可击的套话,说明"这是在故装恐慌"(第四十四章)。发生在她身上的事情始终隔了一层,她像是戴着手套接触生活。

其他人也一样。一沓沓钞票把他们与他们行为的后果隔离开来，没有什么事情是真正重要的：没有什么是认真的，没有什么是庄重的，没有什么能唤起真情实感。我再次意识到，表演才是重点。亨利决心征服范妮的情感（他是闹着玩儿，而她很可能心碎），他其实是在自编、自导、自演一出戏。奥斯丁设计的一些场景，如亨利朗读莎士比亚，亨利谈论如何布道，都像是一幕幕短剧。他扮演感性，扮演教养，演他觉得有用的策略，同时还不忘观看自己的表演。他扮演自己，同时又是自己生活的观众。

克劳福特兄妹刚到曼斯菲尔德不久，大伙儿出门造访玛丽亚·贝特伦未婚夫罗什渥兹先生的庄园。参观年代悠久的礼拜堂时，罗什渥兹太太介绍说："家庭牧师常在里面念祈祷词。但是，已故的罗什渥兹先生把它废除了。"也就是说，不再有宗教活动了。玛丽开玩笑说："每一代都有所改进。"下一秒她就不得不收回前言，因为她得知了埃德蒙的职业规划。"接受圣职！"克劳福特小姐说，"啊，你要当牧师？"（第九章）她几乎不敢相信，也肯定不能接受，她再三胁迫自己想嫁的那个人，想要他改变主意。这对她来说像是个笑话，怎么会有人对宗教、道德当真呢？怎么会有人对"职责""品行""原则"这些词当真呢？毕竟，她什么也不会当真。

克劳福特兄妹延长了在曼斯菲尔德的逗留时间，随着对范妮和埃德蒙了解的加深，他们开始隐隐约约意识到自己身上缺少的那些东西。亨利在埃德蒙和范妮身上看到自己渴望拥有的一些品格。至于玛丽,当她终于痛下决心离开曼斯菲尔德,踏上拖延已久的行程,前去探望另一个好朋友时,她对范妮这样说道:"弗雷泽太太多年来一直是我的亲密朋友。但是,我丝毫不想到她那里去。我心上只有我就要离别的朋友们……你们比世界上的任何人都重感情。"(第三十六章)"重感情",玛丽结结巴巴,试图说出她开始学会珍惜的那些事情:道德严肃性,情真意切,坚定永恒。内在的财富,是用钱买不到的,只能靠自己争取。这个原以为自己拥有一切的女人,发现自己竟如此贫穷。

然而,玛丽最终也没能克服自己所受的熏染训练,这真的让人觉得悲哀——无论是小说,还是我认识的那些富家子弟。她爱埃德蒙,但只要他还想当个牧师,她就不能嫁给他。她自己的财产足够两个人过上舒舒服服的生活,但他就是不够有钱,也不够有魅力。玛丽问埃德蒙:"到教会去会干出个什么名堂呢?男子汉都喜欢崭露头角,干其他任何一行都有可能崭露头角,但在教会里就不能。牧师无足轻重。"(第九章)当律师或从军也行啊。当然,玛丽不是说男人都喜欢崭露头角,虽说不少男人的确如此。她真正想说的是,女人,至少像她那样的女人,喜欢看到自己所爱的男人崭露头角。不能崭露头角的男人,或者用今天的话来说不成功的男人,就是"无足轻重"(nothing)的。

因为你更爱金钱和成功，所以你不能嫁给自己所爱的人，还有比这更糟糕的事吗？但这种事一直在纽约上演。准备口试那个夏天我爱的那个姑娘，又聪明又感性，有一次也很有自知之明地、羞愧地承认说，她不能嫁给一个不太能赚钱的人。她是医生的女儿，在郊区舒适惬意的环境中长大。"怪我父亲，"她用反讽的口气开玩笑说，"他给我定下了生活标准，如果低于这种标准，我就没办法生活。"

我认识的另一位女士，同样也很聪明、很有自知之明，甚至更有钱、更迷人，她和自己真心喜欢的男朋友分了手。她坦承，因为他不够"有范儿"（奥斯丁可能会用"*时髦*"[ton]这个词）。没错，这还是在一连串情场失意后发生的事。她告诉我，他人很好、很有吸引力、聪明，是个好情人，甚至过得也不错。但他来自俄亥俄，不懂穿衣打扮，不知道如何在鸡尾酒会上脱颖而出。"太糟糕了，"她对我说，"但我就是没办法和他继续交往了。"

后来再见到她，她挽着一个衣冠楚楚的蠢材，这个人嘴上只会念叨他认识的所有大人物的名字。她看我一眼，像是说："我知道，对不起。"我不禁想起玛丽亚·贝特伦，她也清楚知道自己要嫁的是个什么样的人："他是个粗大肥壮的年轻人，智力平平；但是，无论体态或言谈，他都不讨人厌""若能嫁给罗什渥兹先生，她每年的收入就会比他父亲的还要多""这位小姐见他为自己神魂颠倒,也就无限得意"(第四章)。太失败了,既没有想象力,也没有勇气。玛丽·克劳福特说:"一大笔收入,是我听过的幸福的最佳秘方。"(第二十二章)显然,无论是玛丽、玛丽亚,还是我认识的那些聪明的年轻人("比穷光蛋糟糕!"),都无法想象另一种不同的生活。

我也是个"无足轻重"的人吗?我朋友和他妻子曾经介绍我认识一对年轻伴侣,他们在一起看起来很幸福。他们刚离开,我朋友就断言说:"只要他还是初级检察官,她就不可能嫁给他。"老实说,我压根儿就不相信他。当时,我已经不再认同他的判断了。但这件事让我彻底认清了他的性格。*他*这个人,觉得自己不够好,没资格娶妻,没资格爱人,除非他功成名就。不然,还会是其他什么原因驱使他费力向上爬呢?或者,就像他妻子有一次安慰我俩所说的那样——我和我朋友都不够浪漫,她期盼我们有朝一日事业有成、得到美人垂青(想要我朋友崭露头角的人,就是他妻子)——"你们现在是*午餐*肉,过几年就是沙朗*牛排*啦"。

好吧,我不愿意把别人看成是一块肉,也不愿意别人把我看成是一块肉,就算是打比方也不行。但是,还有其他的选择吗?不只我朋友和他那个迷人圈子是这样。打从记事以来,我就学会用成功与否——学业有成,事业有成——作为衡量自己的标准；我周围的文化——纽约只是个极端的例子——方方面面都对我说金钱、地位才是幸福的关键。

我一直在想"无足轻重"这个词。除了范妮·普莱斯，还有谁是"无足轻重"的呢？恶毒的姨妈诺利斯太太说得对，范妮"身份最低、位置最后"。忘记《诺桑觉寺》的凯瑟琳·莫兰吧，谁都想不到范妮天生会成为女主角。但奥斯丁硬是让她成为女主角。的确，比起凯瑟琳·莫兰、爱玛、伊丽莎白·班内特来，范妮是最古老意义上的女主角，她不仅是女主角，还是行为榜样，不管看似多不可能，她都是我们应该效仿的对象。现在我发现，范妮的微不足道，是奥斯丁的刻意安排，目的是促使我们弄清楚小说家在她身上看到的可敬之处。

我意识到，范妮不仅不同于她周围的那些特权者，她还是他们的对立面。他们拥有一切，却还想要更多；她几乎身无长物，却愿意将就凑合。面对逆境，她不是忿忿作色，而是不屈不挠，坚韧不拔，甚至逆来顺受。小时候离开家人来到曼斯菲尔德，虽然伤心难过，但她逐渐"学会把对回家的依恋之情转向这里"，"和两个表姐一起长大成人，日子还不算不快活"（第二章）。"学会"这个词很有意思，她必须教会自己这么做，而不是让事情自然发生。"不算不快活"，这个说法更有意思。她并不快乐，而且考虑到那个环境，她似乎也不可能快乐，但接受现实，苦中作乐，她至少没有让自己变成一个不快乐的人。

至于她的表哥表姐们,大多数时候却不能这么说。

亨利等人总能找到乐子,但永远也摆脱不了乏味无聊的威胁,范妮则为自己创造了丰富的内心生活。东室、楼上的小空间,像是她心灵的陈列室,在这里她总能找到"一些消遣,想想心事……她养的花,她买的书……她的写字台……她为慈善事业做的活"(第十六章)。是的,她安静、腼腆,但平静的表面下波涛暗涌。她给我的这个大惊讶,我花了很长时间才发现。可爱迷人的玛丽,更善于*鼓动*情感,但范妮的情感却敏锐强烈。她可能有些严肃拘谨,但却激情澎湃。

羞愧,感恩,害怕,快乐,嫉妒,爱:范妮的情感不总是愉快的,但她全身心地感受它们。"范妮此时此刻深怀感激之情,无法表达。不过,她的表情和寥寥几句质朴无华的语言已允分表达了她的感激与高兴"(第二章),"他看见她的嘴型像要说个'不'字,但声音没有出来,不过她的脸却通红通红"(第三十二章)。比起玛丽、亨利、汤姆、玛丽亚等人来,她的生活要真实得多。生活越艰难,得到的快乐就越珍贵。我意识到,这是奥斯丁最高级的课程之一:只有那些真正感受生活的人,才能明白"匮乏"(do without)的含义。

这不是为贫穷背书。看看范妮的原生家庭,足以说明奥斯丁并没有笨到把贫困匮乏浪漫化。普莱斯家吵吵闹闹,又脏又乱，和曼斯菲尔德庄园那些特权阶级一样，他们也无暇顾及别人的感受。这里，奥斯丁的态度很微妙：活得有价值——不是"无足轻重"而是"举足轻重"（something）——意味着关心体贴周围人。钱太多了容易觉得没必要这么做，钱太少了也很难。范妮最终成为女主角，因为她总是愿意把自己放在别人之后。

小说的关键词，还有"尽心尽力"（exertion，意思是为别人尽心尽力）和"职责"（duty）。这两个概念，在我们这个"做自己的事""自扫门前雪"的时代不常听到了。范妮始终都在为贝特伦夫人和诺利斯太太尽心尽力，不厌其烦，无怨无悔。虽然不赞成演剧这件事，但她愿意指点玛丽亚愚钝的未婚夫熟悉台词。她还痛苦地自我牺牲，压抑自己的感受帮助埃德蒙与可怕的玛丽排练剧情。

至于"职责"，这个词与范妮深知自己身为外甥女、表妹、朋友的义务有关，也与埃德蒙想当牧师、威廉想当海军军官的责任感有关，而这正是奥斯丁在自己家里那些职业男性（她的牧师父亲、两个海军兄弟）身上看到的无私行为的典范。当然，克劳福特兄妹对这个词的看法有所不同，甚至更为现代。玛丽说："人人都有职责尽量为自己打算。"（第二十九章）

不过，小说最最重要的词是"有用"（useful）。埃德蒙对玛丽说："一个好的牧师在教区里之所以能起有益的作用，不完全是因为他讲道讲得好。"（第九章）在表达对威廉的仰慕之情时，亨利也深知"服务精神"（usefulness）仅次于"英雄气概"（是的，"光辉的"服务精神）。至于贝特伦夫人，不奇怪，奥斯丁对她说了一句很不客气的话："从来没有想过去帮助别人。"（第二十三章）

很长一段时间，我太不愿意把"有用"视为一种行为准则。太功利了吧，格局小，讲求实用。难道我们最多只能为别人做到"有用"吗？支持、同情、爱呢？但最后，我开始明白其中意义。有用——关心别人的需要，尽量满足别人的需要——**本身就是**支持和同情。爱朋友、爱家人，固然很好，但如果在他们需要的时候你什么都不做、不竭尽所能帮助他们，只谈爱能有什么意义呢？我发现，爱是动词，不是名词，爱是一种努力，而不只是一种可贵的情感。

因为范妮总是努力工作，把自己的感受放在一边，为别人牺牲自己——一句话，做个有用的人——所以，到了小说高潮时刻，每个人都面临考验时，只有她有道德力量站出来迎接挑战。至于其他人（一如既往，除了表哥埃德蒙），金钱给了他们太多自由，他们从不需要做出锤炼自己品格的艰难抉择，到了危急时刻，他们百无一用。

奥斯丁知道，总会遇到危急时刻。三哥爱德华的妻子，在生育第十一个孩子几天后去世，他们的长女范妮·奈特，当

时只有十五岁。"爱德华的遭遇很不幸,"奥斯丁写信给再次前往高德默逊庄园帮忙接生的姐姐卡桑德拉说,

> 肯定非常难过;的确,对爱德华和他痛苦的女儿来说,现在谈**节哀顺变**还为时过早——但是,我们很快就可以期待亲爱的范妮对她敬爱的父亲的责任感能够让她振作起来;为了他,而且作为对亡母在天之灵的爱的最好见证,她会试着平静下来,听天由命。

奥斯丁对我们的建议,也是对她至亲至爱的人的建议。爱,意味着努力和克制,为别人,最终也是为自己:

> 最最亲爱的范妮现在应该让自己成为他最大的慰藉和最亲爱的朋友;她应该竭尽所能,逐渐成为抚慰他伤痛的那个人。——这么想,就能让她振奋起来。

的确如此。几个月后,卡桑德拉仍在高德默逊帮忙,做个有用的人,奥斯丁则照顾爱德华最大的两个儿子,母亲去世后他们从寄宿学校被接回来,奥斯丁写信给卡桑德拉说:

> 你说起范妮的情况,让我觉得很高兴⋯⋯昨天我们

还想到并谈起了她……希望与生俱来的幸福常伴她左右。当她把快乐带给身边人的时候,她肯定也很清楚自己的贡献。

职责,尽心尽力,听天由命,最后还有快乐:后来,奥斯丁的这些想法全都体现在另一个范妮的故事里,她创造了那个范妮,还把她送去一个类似于高德默逊庄园的地方。

不过,还有最后一种"有用"(虽然我从没那样想过)是奥斯丁很想教给我们的,小说刚开始她就迫不及待地把它摆在我们面前。十岁的女主人公刚到曼斯菲尔德一个星期,每天晚上都哭着入睡。年长六岁的表哥埃德蒙撞见她坐在阁楼楼梯上掉眼泪,"他在她身边坐下,费尽心思使她克服由于啼哭被人发现而感到的难为情,并劝她把什么都告诉他"。他很快就看出来她是想家,于是说道:"我们到花园里去散步吧,把你的兄弟姐妹的情况都给我讲讲。"(第二章)单是让范妮敞开心扉讲讲自己的事情这个举动,就足以让他成为一辈子的好朋友。其他人没想过这么做,其他人根本就没想过她。

我意识到,这大不同于我挖空心思讲给我朋友和他妻子听的那些故事,那些精心琢磨过的段子在每一处转折时都应引人发笑。"把你的兄弟姐妹的情况都给我讲讲",*就这样*:耐心十足,不争强好胜,不插嘴打岔,不需要担心取悦别人,不需要观察听众的眼神是否呆滞无光，因为他们心里想的是如何立即接上你的话茬。埃德蒙真的关心她的兄弟姐妹吗？不一定。但他关心她，而她关心他们，对他来说就足够了。他知道，听一个人的故事，就是了解这个人的情感、经历、价值观和思维习惯，一次就了解方方面面。奥斯丁不是"无足轻重"的小说家，她知道，我们的故事让我们有人性，而倾听别人的故事，体会别人的感受，印证别人的经历，是理解人性的最佳途径，也是最甜蜜的"有用"形式。

毫无疑问，趣人有趣。但我终于明白，你所认识的人身上还有比他们是否有趣更重要的东西。想想那些带给我无数乐趣，同时也让我痛苦不堪的朋友，想想他们带我看到的那个光鲜残忍的世界，我觉得评价一个人还有更好的方式。不是有趣无趣，不是时髦不时髦，而是温暖或冷酷，慷慨或自私。为别人着想的人，不为别人着想的人。懂得倾听的人，只顾自己说个不停的人。

我能疏远那些私立学校出身的朋友了——现在头脑稍微清醒了，我也就这么做了——我也能离开纽约了，我知道有朝一日我一定会这么做，但这些课程让我受用终生。我们很少有人能够进入那个我瞥了一眼的上层阶级圈子，但我们全都生活在一个金钱、地位、名声被捧得太高的世界，我们都忍不住要用财富、魅力、成功这些标准来评价别人、衡量自己，为了它们而牺牲真正重要的东西。

其实我从没有喜欢上范妮·普莱斯，也从没有真正讨厌过克劳福特兄妹，虽然我知道我应该讨厌他们。同样，我发现与我朋友和他妻子少见几次面也不太容易。的确有趣，的确迷人，我们很难不受他们的吸引，但《诺桑觉寺》的教训依然适用："这种感受应该仔细检查，看看究竟是怎么回事。"（第二卷第十章）思考不能阻止我们的感受，但思考的确能阻止我们的行动，能够防止我们被情感裹挟。

我甚至不太确定*奥斯丁*是否希望我们喜欢范妮·普莱斯。她清楚地知道范妮不招人喜欢，但她希望以最朴实无华的方式刻画出范妮与克劳福特兄妹等人的对比。她不把女主人公写得机智、迷人，以免我们分心，迫使我们留意她身上那些非常重要的品格。伊丽莎白·班内特同样慷慨大方，无私体贴，愿意为他人着想，但她实在是太可爱了，谁又会留意其他方面呢？读伊丽莎白的故事，太容易让人觉得奥斯丁只关心妙趣横生、才华横溢。

正是这个原因，她才把《曼斯菲尔德庄园》的女主人公写得这么沉闷乏味。这一次，她把伊丽莎白的性格特征一分为二：玛丽得到迷人，范妮得到善良，我们必须分辨哪一个更好。我意识到，奥斯丁并不反对聪明、活力，她只是告诉我们这些并不是生活中最重要的事情。《曼斯菲尔德庄园》出版那年，她写信给范妮·奈特说："智慧比机智更好，智慧笑到最后。"选择范妮而不是玛丽，不是水到渠成，也不总是特别愉快，但奥斯丁告诉我们，这是我们应该做出的选择。

这也是我开始试着去做的事。我很清楚自己远远达不到奥斯丁的标准，于是，我开始检视自己，是的，我开始尽心尽力。我努力让自己成为对身边人有用的人，小到准时参加晚餐，大到校阅朋友论文。最重要的是，我练习让自己坐定倾听，真正开始倾听。听朋友说，听学生说，甚至听路上遇到的人说，如果你让人敞开心扉自由地说，他们就会磕磕绊绊、尴尬笨拙、未经修饰地说出他们的故事。一个人的故事，是他们最私人的事情，关心这个故事，就是你能为他们做的最重要的事。我从没喜欢过范妮的故事，但倾听这个故事让我学到了最深刻的一课。

第五章

《劝导》：真正的朋友

我在那个社会精英圈磕磕绊绊、进进出出的同时，也在论文上花了不少时间，不是埋头苦干，就是拖拖拉拉、牢骚满腹、举步维艰。没有什么事能和写论文相提并论了。算上研究生头几年，在学校里待了将近二十年，一直都有人告诉你应该怎么做：选哪些课，读哪些书，回答哪些问题。身边也总有人分享你的经历：上课时坐在一起，一起说老师坏话，一起复习迎接考试。

然后，突然之间，一切都只能靠你自己了。像是被人丢在林子里，没有地图。祝你好运，倒霉蛋，活着出来了再联系。你所知道的，就是自己熬上四年、五年、六年，最后写出一本书来。你从没写过书，根本不知道如何下笔，你很快意识到，也没人教你如何写，因为学会写一本书的唯一办法，就是自己动笔去写。你还要自己找个题目。是的，没错，必须百分之百原创。

我论文打算写 19 世纪英语小说中的共同体（community）。

写完奥斯丁，就写乔治·艾略特（没错，一度令人望而生畏的《米德尔马契》）和约瑟夫·康拉德。这个决定非常个人化。我最重要的人生经历，是高中时期参加犹太青年运动的那几年。当然，大多数人怕是会翻翻白眼，觉得这种事纯属浪费时间，是父母强迫你过的书呆子节，还不如跑到商场后面抽抽烟、想想怎样泡妞上二垒呢。

但至少，这件事对我和我的朋友们来说是不一样的。我们差不多算是自己打理一切，就连当时参加运动的"成年人"，很多也才二十出头。一切都与发现自己的价值有关，与塑造自己的现实感有关。从地区、分会和营地来看，那也是一场全国性的运动，还有远自俄勒冈、伊利诺伊的孩子。我们尽量把这场运动搞得像是一个完整的世界，或者说，至少有一个完整的世界观，我们走到一起，是因为它给了我们高中<u>丛林</u>给不了的所有一切：接纳感，理想主义的宣泄，感觉置身于比自己更大的某种东西。

一句话，就是我们一直在用的那个词，"共同体"。移居以色列、生活在犹太版的公社"基布兹"（kibbutz），是我们每个人的梦想。这个梦想，与共享一切、永远生活在一起有关。不管这种想法有多天真，它都意味着我们在梦想共同体的同时，也过着共同体的生活。我们几十、几百个人聚在一起，开会、过周末、旅行、过暑假、唱歌、游戏、点燃营火，无数个夜晚我们不眠不休，只是在一起谈天说地。

我们谈论社会公正和社会活动、理想主义和身份认同、做犹太人和做人。困得眼睛都睁不开了，我们还在说，只为有借口待在一起，只为感受自己周围的人。我们想要改变世界，一路走来，不知不觉，我们也改变了自己。在这里，我交到了最好的朋友，找到了自己的声音，学会了思考这个世界。在这里，某个夏天我第一次吻了一个女孩，几个夏天后失去了处子之身。这里，比我自己的家还更像家。

我们逃学，但这没什么，当时我们很多人还离家出走。十多岁的青少年都这样。但是，和很多朋友一样，我这样做还有别的原因。家里不尽如人意，家里永远也不会让你称心如意。我父亲的情感暴力，既施加在我们身上，也施加在我母亲身上。我不知道谁受的苦更多。我和我母亲，总有一种最原始的、难以言喻的依恋之情。十多岁了，待在她身边还是我最大的慰藉。

放学后，我们有时会待在厨房，她跟我讲她的故事，总与遇到我父亲前她在多伦多长大的那些快乐时光有关。（她也经历过犹太青年运动，完全懂得这场运动对我来说意味着什么。我父亲的态度就比较矛盾了。他愿意我参加，只要不把基布兹那些东西当真就行。）不知怎么的，当时我总觉得，听母亲诉说，就是补偿父亲对她的怒火和嘲笑，就像她总是尽量保护我、安慰我那样。面对共同的敌人，我们心照不宣，结成了秘密同盟。

但是，等我父亲闯进家里，美好时光就烟消云散了。他总能变着花样折磨她。想起一段童年记忆。母亲来到客厅，说晚餐准备好了，她用了一下午时间准备的晚餐。我父亲充耳不闻，继续读报。显然，让她舒坦的话，他自己就不好过。大约半个小时过后，感觉离我母亲说晚餐准备好了已经像梦一样遥远——他不可能一直无视她，对吧？——我饿得不行，这才敢问道："妈妈是不是早就说过可以吃饭啦？"

家里的对话总是这样情绪化，那个晚上还算相对太平，因为从他到家的那一刻起他们还没有冲着对方大吼大叫。很多个日子都是拉锯战，话里藏刀。多年后，我跟女朋友在晚餐前吵了一架。我坐下来，腹中煎熬，食不下咽，突然有点想家了。是的，我知道这种感受。这就是我长大的感受。

所以，不奇怪，我像猫爬树一样抓紧那场运动不放。我和我的朋友们，我们抓紧彼此。从某种意义上说，我们都飞在空中。

但青年运动结束了，因为青春期结束了。和很多朋友一样，我自己也成了那些读大学的"成年人"，成了辅导员、领队。最后，怎么说呢，那场运动再也没有我们的位置了。我们别无选择，只能分道扬镳。我晃荡在这个世界上，伤悼往昔峥嵘岁月，不知何时才能再有类似体验。七年后，我搬到布鲁克林，在相反的道路上狂奔，隐居在公寓里孤独地伏案工作。大学时代过去很久了，我的研究生同学也都开始了论文写作，我在那场运动和其他地方结识的朋友也都分散在全国各地。

有人在波士顿做博士后，有人在芝加哥研究宗教，有人在堪萨斯为人母，有人在加州做电影。我最好的朋友，她比我自己更了解我，也是我与那场运动的最后一丝联系，在新罕布什尔安了家，开始自己的设计事业。我们每个人都有了自己的生活，年龄越大，生活越糟糕。想要重新体验那种共同体的感觉、置身于某种东西的感觉，似乎比以往任何时候都更遥不可及。所以，在选择论文题目时，我决定研究我无从体验的那些东西。这是一种典型的学术举动。既然没有共同体，那我就花时间来思考共同体吧。

在布鲁克林住了两年，我还在写奥斯丁这一章。整件事像是场慢性病，我唯一的安慰就是研究生院的口头禅：写完第一章，论文就完成了一半，因为会写开头就会写剩下的章节。

我决定从奥斯丁写起，不只是因为我非常喜欢她的作品，还因为对我来说她似乎是我研究的完美起点：这个作家在最基本、最传统的意义上赞美共同体，安稳平静的乡村世界，绿叶成荫，人人相互熟识，人人各安其位，这正是我想在自己生活中重温的画面。我打算把重点放在我最喜欢的两部作品上：首先，当然是《傲慢与偏见》；然后是《劝导》，这部小说在我心里的地位一直都比较特殊，它也越来越能反映我现在的心理状态。

《劝导》是奥斯丁最后一部作品，从情感质地的层次和感受的深邃程度来看，这部小说在她的作品中独树一帜。小说的情绪是沉思的、忧郁的、秋意袭人的，投射的气氛是怀旧的、怅惘的，不同于奥斯丁以往的作品。作为一部描写孤独和失落的小说，《劝导》成书距离奥斯丁去世不足一年。小说写作期间她生了一场怪病，很长一段时间身体时好时坏，我们不知道她是否清楚自己大限将至。当时她年届四十，我们只能大致说，小说反映的是一个觉得自己即将踏入下一个人生阶段的女性的成熟看法。

从第一章就能清楚地看出这部小说在她作品中的特殊地位。女主人公安妮·埃利奥特不是十七岁或二十岁的花样少女，不是轻松跨越成年期门槛、开始浪漫爱情冒险的凯瑟琳·莫兰或伊丽莎白·班内特，她已经二十七岁了，按我们的标准她还很年轻，但在奥斯丁的时代她已经度过了自己的最好年华。可以说，安妮已经有了自己的小说，只不过以失败告终。八年前，她很快就深深爱上了一位朝气蓬勃的青年海军军官温特沃斯舰长。温特沃斯的原型是奥斯丁的哥哥弗兰克。他们年纪轻轻就都当上了舰长，都参加过圣多明各海战，两个人连名字也很像：

温特沃斯名叫弗雷德里克。他们还都在那场著名的海战后上岸求亲，1806年夏天弗兰克和新娘结了婚，安妮和温特沃斯的爱情则以悲伤收场。

他是个"出类拔萃的好后生，聪明过人，朝气蓬勃，才华横溢"，她是个"极其美丽的少女，性情温柔，举止娴静，兴致高雅，情感丰富"。但她也出身于一个势利的贵族之家，相比而言，《曼斯菲尔德庄园》里的贝特伦家就像是社会主义者了。总之，没有财产或门第的年轻人，就是不予考虑。安妮的父亲，讨人厌的沃尔特爵士，恶毒、肤浅、虚荣，"觉得这是一桩极不体面的姻缘"，"用异常惊讶、异常冷淡、异常沉默的方式表示否决，并且明确表示决不给女儿任何好处"（意思是不给她任何嫁妆）。（第一卷第四章）安妮的母亲，善良正派的埃利奥特夫人，她良好的判断力使得丈夫的性格没有带来更糟糕的后果，我们本可以期望好心有好报，但她在安妮十四岁时过世了，她最好的朋友拉塞尔夫人取代了她在安妮生活中的位置。

拉塞尔夫人欣赏女主人公，这种欣赏是女主人公的父亲从来就给不了的。安妮的德行实在太好了，她父亲沃尔特爵士根本就不懂得欣赏。但拉塞尔夫人同样也不赞成这门亲事："安妮·埃利奥特，出身高贵，才貌超群，十九岁就要把自己葬送掉！……安妮·埃利奥特，这么年轻，见识的人这么少，现在要让一个无亲无故、没有财产的陌生人抢走！"（第一卷第四章）

虽然她和善有加，但却同样势利。得不到朋友支持的安妮，只能被迫取消婚约。温特沃斯带着愤怒和怨恨离开了，安妮的花样年华被毁了，精神沉寂了，在于事无补的悔恨苦涩中虚度自己的青春年华。

时间快进八年，女主人公比以往任何时候都更孤独，比奥斯丁笔下其他任何人物都更孤独。就连《曼斯菲尔德庄园》的范妮·普莱斯也有表哥埃德蒙、哥哥威廉，懒散的姨妈贝特伦夫人对她也情真意切。安妮还是只有拉塞尔夫人，也只有拉塞尔夫人懂得她的好。由于忘不了温特沃斯舰长，后来她还拒绝了一位本地绅士，看起来再也不会有人向她求婚了。妹妹玛丽出嫁了（嫁给查尔斯·莫斯格罗夫，安妮拒绝的那位本地绅士），姐姐伊丽莎白，和父亲一样冷漠刻薄——这是父亲喜欢她的原因之一——对安妮很不好。女主人公在家孤立无援，"在她父亲、姐姐眼里，她是个微不足道的人，她的意见无足轻重，她的个人安适总是被撇在一边；她只不过是安妮罢了"（第一卷第一章）。

范妮还有曼斯菲尔德庄园可以依靠，安妮却连自己深爱的家园也要失去了。沃尔特爵士，对于显贵之人应该享有的体面排场看得很重，结果负债累累，被迫出租家族庄园，举家移居巴斯。不用说，伊丽莎白也会跟着搬过去，但她选择的伴侣，不是妹妹安妮——她永远也不会明白安妮究竟有多优秀——而是油嘴滑舌的克莱夫人，这个年轻寡妇，一味谄媚奉承，想方设法博得伊丽莎白的欢心。

安妮留在妹夫莫斯格罗夫家，扮演奥斯丁本人驾轻就熟的未婚姨妈角色。安妮要在玛丽大吐苦水、怨天尤人的同时照顾外甥们，要在妹夫查尔斯两个活泼可爱的妹妹亨丽埃塔和路易莎跳舞时为她们弹琴伴奏（比起安妮来，这两姐妹更像是奥斯丁笔下的女主人公），她还要倾听每个人对别人的抱怨，尽量做个和事佬。最重要的是，她要待在暗处，那是老姑娘应该待的地方。她意识到，必须汲取一个教训，"人一走出自己的圈子，就要对自己的无足轻重有个自知之明"（第一卷第六章），虽然她*在自己的圈子里*也无足轻重。

不用说，我的情况和安妮很不一样，但我也能体会她的那种孤独和忧郁。我没有失去父母，也没有失去家；我能做的，而且必须要做的，就是远离父母和家。我想过独立生活，如今也如愿以偿了。我只是不太清楚应该怎样独立生活。年轻时，高中，大学，甚至二十出头，你觉得朋友是理所当然的。他们总在那里。你觉得*友谊*是理所当然的。结交新朋友，难吗？但是，突然之间——简直能感觉到那种突然性——每个人都走了。有人搬家了，有人结婚了，每个人都很忙，总在你身边的那些潜在的朋友，突然全都不见了。

我还不想结婚，但我也不想一个人。就像发生在安妮身上的事情一样，我开始觉得将来很可能就这样了。我喜欢待在自己的地盘，摆脱父亲的阴影，但写作奥斯丁这一章，虽然有很多工作要做，却也未能完全占据我的心思。无数个日子，我甚至没有勇气面对这一点。我强迫自己起床，只为无所事事地坐着发呆。空气呆滞，滴答的时钟指针像在指责我，我的猫咪看着我，不明白发生了何事。我觉得自己面目可憎，不名一文。安妮情绪低落——奥斯丁想说的是，她精神上萎靡不振——面对它吧，我也一样。

奥斯丁也失去了自己的家，安妮的故事无疑反映了她的这段经历。奥斯丁二十五岁生日前后，父母突然宣布说，在这个教区做了四十年教区长的父亲准备退休，他们和两个女儿卡桑德拉、奥斯丁将要收拾行李，像沃尔特爵士一样举家搬到巴斯。这个消息打击太大，根本就来不及消化适应。短短几个月内，奥斯丁从小住到大的家就分崩离析了。

不得不和朋友告别，离开熟悉的那个世界。家里大多数东西无法运到巴斯，只能转卖或留给接管产业的哥哥詹姆斯和他的妻子安娜：奥斯丁练习弹琴的钢琴，相伴多年的图画和家具；甚至父亲的藏书，奥斯丁称之为"我的书"，这些书对她的意义我们只能略作猜测。奥斯丁甚至被迫放弃自己的重要物品，她怒不可遏，奋起反抗。"我不打算听命于人以显得慷慨大方，"她写信给卡桑德拉说，"我决不把我的橱柜送给安娜，除非我自己原本就有这样的打算。"别了，乡村的生活节奏和稳定的日常作息，奥斯丁被迫匆忙离开她唯一熟悉的家园。

四年后，经过多年的动荡和调整，奥斯丁再次面临打击，这段经历也回响在安妮的故事里。奥斯丁深爱的父亲去世了。"失去这样一位父亲，未尝不痛心入骨，"她写信给弗兰克，"否则，我们禽兽不如。""他身为父亲的亲切慈爱，谁又能予以公正评价呢？"奥斯丁的母亲不是沃尔特爵士，但却很难相处，总是过分担心自己的健康，奥斯丁曾对卡桑德拉开过她的玩笑。毫无疑问，作家最爱的是父亲，就像安妮最爱的是母亲。

奥斯丁牧师去世后，又过了四年不稳定的生活，母亲和奥斯丁姐妹才有了永久的安身之所。这位年轻女士，二十四岁前一气呵成，完成了《傲慢与偏见》《理智与情感》《诺桑觉寺》三部小说的初稿，此后整整八年，艺术上几乎沉寂无声。这一时期保存下来的唯一作品，只有小说《沃森一家》(*The Watsons*)的开头部分，写了几十页后就辍笔了。是前几部作品的命运让她心灰意冷了吗？（《傲慢与偏见》，出版社看也没看就拒收寄回；《诺桑觉寺》卖了十英镑，但一直未能出版。）还是她需要稳定的环境才能继续写作？

两种说法都对。但安妮的故事，让我们怀疑昔日热情洋溢的年轻作家恐怕也经历了情感的低落期。《沃森一家》，写的是出身贫寒、待字闺中的几姐妹试图在体弱多病的牧师父亲去世前改变自己贫苦命运的故事——这和奥斯丁、卡桑德拉的处境有着惊人的相似之处——被评论者视为"冷酷""惨淡""悲观"。有论者说，奥斯丁"像是在与某种苦闷抗争，僵硬和滞重威胁了她的文体"。《沃森一家》写于她父亲去世前，而父亲去世前几个月，安妮·勒弗罗伊也意外身亡，自奥斯丁童年时代起，安妮·勒弗罗伊就是她生活中类似于母亲角色的重要人物。难怪奥斯丁不能打起精神写作。

还有一件事，想必也影响了奥斯丁对安妮这个人物的刻画，以及整部小说的阴郁基调。和女主人公一样，大约二十七岁时，奥斯丁拒绝了一门亲事，她肯定知道这是自己结婚的最后机会了。男方名叫哈里斯·比格-威瑟斯（Harris Bigg-Withers），这个年轻人是三个老朋友的弟弟，一座大庄园的继承人，为人腼腆、笨拙，比奥斯丁小五岁。头天晚上她接受了他的求婚，痛苦了一整夜，第二天早上便取消了婚约。她很清楚，这是一个重要决定。奥斯丁的传记作家克莱尔·托玛琳说，这件事后，她"迅速步入中年"，彻底接受了未婚姑姑这个角色。她并不孤单，但从更深刻的意义上说，她总是独自一个人。现在，在安妮身上，她创造了一个凝视着同样深渊的女主人公。

难怪小说开始于秋天，难怪安妮不同于奥斯丁笔下的其他女主人公，她沉湎于过去，沉浸于自己的思绪。和亨丽埃塔、路易莎姐妹以及其他几个年轻人外出散步，大家一路说说笑笑，安妮则感慨沉思一年又到了尾声。这里，奥斯丁的文字渗透着我们不熟悉的情感，她常见的讽刺语调也一反常态，变为忧郁悲伤的缓慢节奏。我们看到，安妮在散步中得到的乐趣：

> 一定在于想趁着这大好天气活动活动，观赏一下这一年中最后剩余的明媚景色，看看那黄树叶和枯树篱，吟诵几首那成百上千的描绘秋色的诗篇，因为秋天能给风雅、善感的人儿带来无穷无尽的特殊感染，因为秋天博得了每位值得一读的诗人的吟咏，使之写下动人心弦的诗句。

有些事打断了她的思绪，提醒她青春圆舞曲与自己再无关系，"秋天的怡人景色被置诸脑后，除非她能想起一首动人的十四行诗，诗中充满了对那残年余兴的妥帖比拟，全然见不到对青春、希望和春天的形象写照"（第一卷第十章）。

但她想到的事情却很不一样。沃尔特爵士家移居巴斯，埃利奥特庄园租给了海军上将克罗夫特。将军的妻子不是别人，正是温特沃斯舰长的姐姐，也就是八年前安妮爱过但拒绝了的

那位舰长。安妮知道后，说道："也许再过几个月，*他*就会在这儿散步了。"（第一卷第三章）

的确如此。让人惶惶不安的见面时刻终于来临了：

> 安妮思绪万千，其中最使她欣慰的是，事情很快就会结束……安妮的目光和温特沃斯舰长的目光勉强相遇了，两人一个鞠了一躬，一个行了屈膝礼，安妮听到了他的声音……屋里似乎满满当当的，宾主济济一堂，一片欢声笑语，但是过了几分钟，这一切便都完结了……屋里清静了，安妮可以吃完早饭啦。
>
> "事情过去了！事情过去了！"她带着紧张而感激的心情，一再对自己重复说道，"最糟糕的事情过去了！"
>
> 玛丽跟她说话，可她却听不进去。她见到他了。他们见了面啦，他们又一次来到同一间屋里！
>
> 然而，她马上又开导自己，不要那么多情善感……唉！她尽管这样开导自己，却还是发现，对于执着的情感来说，八年可能是无足轻重的。（第一卷第七章）

过去历历在目，安妮记得一清二楚，她的前未婚夫却不同。玛丽以被动攻击的口气报告说："亨丽埃塔问他对你有什么看法，他说你变得都让他认不出来了。"（第一卷第七章）

虽说重逢让人悲伤痛苦，温特沃斯舰长的到来，却也开始让安妮的注意力逐渐从她自己糟心的家庭转到截然不同的另一群人身上。温特沃斯的同袍密友哈维尔舰长，和妻子居住在附近海边的莱姆镇。大家决定前去拜访——亨丽埃塔和路易莎，查尔斯和玛丽，温特沃斯和安妮——女主人公发现了一种意想不到的归属感。

哈维尔的妹妹曾与另一位海军军官本威克舰长订婚，可惜婚礼尚未举行，她就去世了。安妮发现，"他同哈维尔夫妇的友谊，似乎是在发生这起事件、他们联姻的希望破灭之后得到进一步增强的，本威克舰长如今完全同他们生活在一起了"（第一卷第十一章）。

对海军这群人的描写，每次都是同样的语气、同样的字眼。温特沃斯认为女人太柔弱，不适合待在船上，他姐姐——克罗夫特将军夫人，跟着丈夫的军舰出过很多次海——立即指出温特沃斯自己的军舰就曾经搭载过哈维尔的妻子和孩子，她调侃说："你这种无微不至的、异乎寻常的殷勤劲儿，又该如何解释呢？"温特沃斯回答说："完全出自我的友情。如果我能办得到的话，我愿意帮助任何一位军官弟兄的妻子。如果哈维尔需要的话，我愿意把他的任何东西从天涯海角带给他。"（第一卷第八章）

哈维尔夫妇在莱姆镇接待来访的客人们，"因为那伙人是温特沃斯舰长的朋友，他俩便把他们统统看作自己的朋友，极为亲切好客，一再恳请大伙同他们共进晚餐"。"他们带着新结交的朋友回到了家里"，客人们发现"屋子实在太小了，只有真心邀请的主人才认为能坐得下这么多客人"。"友情"，"友情"，"朋友"，"朋友"：女主人公没有错过重点，但越为自己看到的景象感到高兴——几位舰长和哈维尔太太彼此之间的温暖、慷慨、友善——她也就越伤感。"她心里这么想：'他们本来都该是我的朋友。'她必须克制自己，不要让情绪变得过于低落。"（第一卷第十一章）

安妮在莱姆镇发现，她不知道原来自己一直寻寻觅觅的就是一种归属感。当我比过去更加深入细致地思考这部小说，思考它描写人与人之间的相互依恋、相互托附时，我意识到，这不是别的，这正是奥斯丁的共同体形象：这群朋友。

无论在奥斯丁的小说中，还是在我自己的生活中，我都找错了方向。我读奥斯丁的作品，原以为会看到一直萦绕在我们脑海中的那个田园牧歌式的乡村共同体，我依稀觉得自己想要的那个共同体也与此相类似。但现在我意识到，现代社会的共同体，不是看得见摸得着的规律、稳固、永恒的结构。它不像基布兹和公社，它们错误地想把时钟拨回更原始的存在状态。它也不像青年运动或年轻人经历的其他共同体——高中、大学、运动队、兄弟会、夏令营（和我一样，很多人后来都很怀念这些经历）——这种无所不包的环境，只有青年时期才存在。我开始意识到，现代社会太不稳定，人际关系流动性太强，不适合那种共同体。对今天的成年人来说，共同体只能是一种朋友圈。

对我而言，明白这一点相对容易，因为进入现代社会已有两个世纪，因为有奥斯丁的帮助。让人惊讶的是，奥斯丁自己又是如何意识到这一点的呢？毕竟，那时现代性才刚刚起步，她又蜗居在英格兰乡下。我发现，《劝导》戏剧化的对象，不是别的，正是传统世界的消逝。奥斯丁抛弃，或者说告别的那个共同体，正是乡村英格兰本身，也是我想在她那里寻找的那个世界。抛弃自命不凡、装腔作势的沃尔特爵士和《曼斯菲尔德庄园》令人厌憎的贝特伦家所代表的那个等级制度、封建秩序。告别那个世界的根基、亲密感和延续性。奥斯丁的确赞美过那个世界，但只有一次，只在《爱玛》里，那是她真正的田园牧歌之作。

同样让人惊讶的是，奥斯丁刚写完《爱玛》就开始动笔写《劝导》，停笔、动笔，中间只隔了四个月。奥斯丁脑子转得太快了，她思出天外，大步流星，从时光停滞的英格兰，一步就跨入了剧烈变动的英格兰。《爱玛》没有纪年，故事似乎发生在历史之外。《劝导》开篇就是一连串日期，故事背景可以精确到拿破仑战争末期。奥斯丁以异乎寻常的洞察力意识到她熟悉的那个世界即将消逝不见。旧秩序正让位于新秩序。沃尔特爵士收拾行李，让位于克罗夫特将军。贵族休制让位于精英社会，等级制度让位于人人平等。人与人之间的关系，将不再是主人和奴仆、庄园主和佃农（以及不平等的传统夫妻关系），只能是朋友和朋友。

奥斯丁《劝导》抛弃的，还不只是让沃尔特爵士凌驾于温特沃斯舰长之上的那个传统体制。说起来难以置信，她似乎还抛弃了家庭本身。安妮倒向那群海军朋友，希望自己的余生再也不必忍受可悲可厌的父亲和姐姐、妹妹。实际上，随着小说的发展，她越来越回避自己的家人。莱姆之行结束后，是时候前往巴斯与沃尔特爵士和伊丽莎白会合了，谁也不想这样，但她总不能和玛丽住一辈子吧。于是，她去了巴斯，尽量不与家人待在一起，而是与新结识的海军朋友过从甚密，他们也来巴斯度假。

的确，安妮对家人不满到了极点。后来，她听闻一桩阴谋，将会严重危及自己的父亲和姐姐。一般说来，这类故事，大多会演变为中心情节，女主人公迅速送出消息，最后避免灾难发生，诸如此类。但这里，安妮甚至没想过要把消息送出去。对她而言，她的家人已经不重要了。

怎么会这样呢? 奥斯丁, 伟大的爱情小说家, 美满姻缘的缔造者, 怎么会反对家庭呢? 但回想她的其他作品, 几乎没有一个幸福的家庭。我数了一下, 十个不幸福的家庭, 幸福的家庭顶多只有一个 (只有爱玛和她父亲, 他们组成的家庭也像是一种婚姻形式)。虽然她让女主人公结了婚, 但却从未让她们的故事从喜结良缘更进一步, 从不涉及此后孩子、父母的混战。据各方面说, 她自己的家庭很幸福, 她也很喜欢侄子侄女们, 但想象幸福时, 她描画的总是成年人之间的纽带——夫妻、朋友、小圈子, 他们缔结的微型共同体。

一旦在《劝导》里看到这种模式, 我也从其他作品里发现了这种模式。是的, 奥斯丁的确让自己的女主人公找到了丈夫, 但她也为他们精心建造了一个共同体——丈夫、妻子、兄弟、姐妹, 在这些婚姻里生活的一小群人。《傲慢与偏见》结尾, 不是一场婚礼, 而是两场婚礼, 两姐妹嫁给两个好朋友, 自己也有了更多的兄弟姐妹。《爱玛》结尾时共有三场婚礼, 女主人公的婚礼是在 "目睹婚礼的那一小群真挚朋友的祝福、希望、信心和预言" (第三卷第十九章) 中一笔带过的。难怪有批评家认为友谊是奥斯丁 "真正的生命之光"。

奥斯丁告诉我, 朋友是你自己选择的家人。这是老生常谈, 但奥斯丁想得更深, 看得更远。我们让朋友成为家人, 我们也让家人——有些家人——成为朋友。《曼斯菲尔德庄园》里的威廉·普莱斯，是范妮的"哥哥和朋友"。《诺桑觉寺》里的凯瑟琳·莫兰，是亨利、埃莉诺兄妹的朋友，两兄妹本身也是好朋友，他们奸滑的大哥却不是。伊丽莎白·班内特和姐姐简、父亲是朋友，但却无法忍受母亲和其他几个妹妹；《傲慢与偏见》结尾形成的共同体，有些亲人包括在内，有些亲人则故意排除在外。

奥斯丁告诉我们，安妮压根儿就不嫉妒亨丽埃塔、路易莎——妹夫莫斯格罗夫的两个妹妹，漂亮可爱、才智平平——她只羡慕她们"表面上能相互体谅，相互疼爱，和颜悦色，十分融洽，而她和自己的姐妹却很少能有这样的感情"（第一卷第五章）。哈维尔夫妇，奥斯丁笔下少有的幸福家庭，朋友本威克舰长也被视为家中一员。这个海军朋友圈，还包括温特沃斯舰长和他姐姐克罗夫特夫人。奥斯丁告诉我，友谊和亲情可以融为一体，成员是交叉的，情感是混合的。

没有谁比奥斯丁更能深切地体会这一点了。家人和友谊，这些字眼在她信中经常交织在一起，也是强调的重点。哈里斯·比格‑威瑟斯的几个姐姐是奥斯丁的朋友，若不是渴望与这些朋友组建一个家庭，她怎么会一时冲动，接受他的求婚？虽然她很快就意识到了自己的错误。姐姐卡桑德拉是相伴她一生的最好的朋友，而她喜欢的侄女早在十五岁时就获准进入了这个圈子。她写信给卡桑德拉说："你说起范妮的事情，让我非常高兴。夏天见到她时，她和你说的一模一样，像是另一个妹妹。真想不到，一个侄女竟然深得我心。"

范妮二十多岁时，姑侄间的通信非常亲密。有一次，奥斯丁感叹说："你肯定想不到，能够彻底了解你的内心世界，这让我有多么高兴。"但同时又担心这个小圈子总有一天会解散："啊！等你结婚了，会是多么大的损失啊。"奥斯丁去世后，卡桑德拉很清楚自己代表的是剩下的两个人，她写信给侄女说，"为了我们失去的亲爱的她着想，现在你对我来说是双倍的可亲"——"我失去了一座宝藏，这样的妹妹，这样的朋友，她的地位无可取代"。

奥斯丁生命中的最后十二年，她和卡桑德拉的家，除母亲外，还有另一位女士玛莎·劳埃德。和哈维尔夫妇一样，这也是一个由家人、朋友组成的小共同体。本威克舰长的原型可能就是玛莎·劳埃德，她是奥斯丁的童年伙伴，是卡桑德拉以外最亲近的人。奥斯丁十多岁时，两人一起在床上谈笑。奥斯丁的父亲和玛莎的寡母相继过世的那一年，玛莎搬来和奥斯丁母女同住——这在当时并不罕见——直住到嫁给奥斯丁的哥哥弗兰克为止。她被奥斯丁拉去剧院，听奥斯丁谈论政治、皇室丑闻、她自己的事业。奥斯丁曾对卡桑德拉说，玛莎"任何时候都是朋友、姐妹"。

在思考奥斯丁对友情、亲情之间关系的看法时，我意识到我自己的经历大多是消极负面的，更像伊丽莎白、安妮姐妹，而不是亨丽埃塔、路易莎姐妹。我一直觉得我姐很了不起。有件事我们两个都忘不了，当时我四年级，她十二年级，我望着她，哀怨地问道："艾伦，你上大学了，还愿意和我玩吗？"（答案是肯定的。）但我十五岁时她结婚了，现在又有了两个小孩，她在我生命中成了一种遥远的存在。

我和我哥，则是另一个故事。他是典型的坏哥哥，从小忽视我、羞辱我，总之他给人的感觉就是不希望家里生下我。（据说，在医院他看了我一眼，就把我推开了。）我上大学后，他终于觉得我是个人了，我们开始成为朋友，但他从没想过平等待我，对此我越来越感到厌倦。

搬到布鲁克林几个月后，问题终于爆发了。换句话说，我觉得自己真正是个成年人了，我开始挑战与父亲的现状。我们全都回家过感恩节。无趣的传统家庭节日过后，我们都想尽快离开，我哥提出顺便载我回城，路上可以聊一聊，沟通沟通兄弟感情。

事情是这样的，我有间歇性偏头痛（原因不明），很多年了。上车后，我拿出了神经科医生给我开的药。其实，我大可以在分手前背着他吃药，但我想和他分享一些从未分享过的事情——不分享，主要是因为我相信他会想方设法贬损我。

后来发生的事情，你绝对猜不到。"这是什么？"他嚷道。我有没有说过我哥是医生？"这不是治偏头痛的药，"他断定，"我刚读过一篇关于头痛的文章。我觉得你该去看治疗师[1]。"

（后来，再见到我神经科医生的时候，我问起药的事情，为自己有意无意听了其他人的意见向他道歉。我医生说："听听别人的意见很正常。实际上，我愿意你多听听别人的意见。但这个意见，不能是你哥的。"我把整件事讲给父亲听，父亲说："他认识鲍勃？"）

我不是不愿见治疗师，实际上，我对治疗的态度可能比我哥还要积极。问题在于他的自大傲慢、咄咄逼人、肆无忌惮。开车回城的路上，我们吵了起来，从没吵成那样。路上有的是时间，我们应该想办法一起解决问题才对，他却在四十二街赶我下车，让我自己走回布鲁克林。几天后，我想跟他谈谈，谈谈我们之间的整个故事，从我小时候受过的那些伤害谈起，他却像堵石墙，一如既往地自以为是。他什么都不想谈，看起来也没什么好谈的嘛。他不记得他对我做过的任何一件事，只要他不记得，事情就没发生过。一如既往，他是对的，我是错的。

整件事让人难受了好几个月，直到我开始想《劝导》，想

---

〔1〕 暗示作者有心理方面的问题。——编者注

奥斯丁所说的朋友和家人。安妮一直想和自己的姐姐、妹妹做朋友，但并没有带给她任何好处。最后，明白了真正的友谊意味着什么，她也就放弃了尝试。奥斯丁总是愿意为人牵线搭桥，她还让我明白人际交往的基本意义，如果她都能放弃，甚至建议你放弃的话，那你就应该放弃。要等到什么时候，我哥才会突然变成另一个人呢？我意识到，我根本就不必和他做朋友。像安妮一样，我可以一走了之。有时候，为了找到新的家人，你得抛开原来的家人。

但问题是，我离安妮在莱姆镇发现的那个朋友圈还差得很远。实际上，我甚至和她一样没什么朋友，更不要说一群朋友了。不知不觉，时移世易。人们不仅比过去更忙碌，也不像过去那样开放。年轻人的可塑性，对新体验、新朋友的渴望，奥斯丁《诺桑觉寺》赞美的这些东西，在我们即将步入三十岁时就渐渐枯竭了。你再也不像十五、二十、二十五岁那样，很容易遇到一个人就交上朋友了。现在我们遇到的人，那些可能成为朋友的人，都更谨慎，更少信任，更多防御。交朋友成了整体工程，像高级别的外交谈判，或是一次只能填上几个空的复杂拼图。

奥斯丁很看重友谊，但从没把友谊过分理想化。《曼斯菲尔德庄园》范妮·普莱斯说的"世界上不同种类的友谊"，她全都知道，还是小姑娘时就写过这类东西。她十多岁时，最时兴的是人们所谓的浪漫的友谊——矫揉造作的强烈爱慕之情，为的是炫耀自己多愁善感。《爱情和友谊》（*Love and Freindship*），她最著名的讽刺性少作（弗吉尼亚·伍尔夫评论说："她写得飞快，远远超过了她拼写的速度。"），针砭的就是这种陈词滥调：

> 过了三个星期没有朋友的生活……想象一下，当我看到一个最值得称为"朋友"的人时，是多么的欣喜若狂……她多情善感，情感丰富。我们飞快投入对方的怀抱，彼此发誓要做一辈子的好朋友，然后立即就相互倾吐心底最深处的秘密。

同样，我们可以想见奥斯丁拿 Facebook、MySpace、Twitter 开涮的样子，它们都能给人带来即时亲密的错觉。《诺桑觉寺》里的伊莎贝拉·索普，也想用这些东西来打动凯瑟琳·莫兰，但在后来的作品中，奥斯丁转向更成人化的伪善形式。她知道，攀高枝的人会对友情、婚姻做手脚，《劝导》的世界里布满了这种人。整个巴斯镇，泡在社会野心的温泉里。克莱夫人，油腔滑调的寡妇，攀附在伊丽莎白·埃利奥特身上，最终目的是诱骗沃尔特爵士，成为他的第二任妻子。可以肯定，到时候，新埃利奥特夫人再也不会对她的"朋友"毕恭毕敬了。这种人，我们今天称之为"友敌"（Frenemy），他们的友情，只限于从你身上得到他们想要的东西为止。

小说最善于溜须拍马的，不是别人，正是沃尔特爵士本人。想到这一点，犹如醍醐灌顶。那些看重社会等级区分的人，大多都谄上骄下，就像霸凌是懦弱的伪装、势利眼是隐藏的马屁精一样。这也是奥斯丁不喜欢贵族体制的另一个原因。沃尔特爵士特别尊崇的对象，是表亲达尔林普尔子爵夫人及其女儿卡特雷特小姐，这对平庸的母女除了血统外没有任何值得称道之处：

> 安妮先前从未见到父亲、姐姐同贵族来往过，她必须承认，她有些失望。他们对自己的地位颇为得意，安妮本来希望他们的举动体面一些，可现在却无可奈何地产生了一个她从没料到的愿望，希望他们能增添几分自尊心，因为她一天到晚耳朵里听到的尽是"我们的表亲达尔林普尔夫人和卡特雷特小姐""我们的表亲达尔林普尔母女"。（第二卷第四章）

沃尔特爵士、克莱夫人等人的友谊，只能蒙骗那些易受谄媚的人，以及他们刻意奉承的对象。奥斯丁想要告诉我们的是，更危险、暗中破坏更大的是那些心地善良的朋友，他们不能分辨一件事究竟是为你好，还是只为他们自己好。拉塞尔夫人就是这种朋友。她是安妮心目中的母亲，而且是安妮唯一亲近的人，但最悲哀的是，女主人公越尊重她，也就越难以承认这位长辈的局限。安妮"怀着更加深切的感激之情，庆幸自己能有一个像拉塞尔夫人那样真正富有同情心的朋友"（第一卷第六章），这是她在妹夫莫斯格罗夫家受到冷遇后的想法（所谓"人一走出自己的圈子，就要对自己的无足轻重有个自知之明"的教训）。当时，出租家族庄园这件事折磨安妮好几个星期了，玛丽却无动于衷。比起玛丽来，其他人都是好人。

当初说服女主人公拒绝温特沃斯舰长、酿成大错的，也是这位拉塞尔夫人。当然，她有她的正当理由。但后来再次面临同样的问题时，令人难以置信，她还是给出了同样的建议，就算她非常清楚安妮究竟有多孤独、这些年来过得有多痛苦。好在安妮已经清醒了。不管有意无意，拉塞尔夫人试图维护的是她自己的尊严，而不是为朋友着想。她是那种不愿意与身份卑微的海军扯上关系的人。

毕竟，这位女士也觉得讨好达尔林普尔子爵夫人是个不错的主意。的确，女主人公认真审视自己的朋友，发现拉塞尔夫人和自己的父亲，他们对阶级、行为举止和什么是一个人身上最重要的东西的看法，其实并没有任何不同。所以，安妮下定决心过自己的生活，这一次不受任何"朋友"的影响。如果真为自己的朋友着想的话，"拉塞尔夫人只得承认自己完全错了，准备树立新的观念"（第二卷第十二章）。一句话，安妮要让拉塞尔夫人汲取教训。女主人公已与自己的父亲、姐妹分道扬镳，现在她也足够坚强，能够同样对待那些妨碍她幸福的人了。

这种事一直屡见不鲜：那些貌似为你幸福着想的朋友，其实只是为了保护他们自己。他们强迫你与他们不喜欢的人分手，或是要你与他们喜欢的人交往。结婚的人希望你结婚，单身的人希望你单身，因为谁也不愿被落下。我敢肯定，我自己也做过这种事。奥斯丁知道，没有人故意要这么做，但只有那些有自知之明、慷慨大度的人，才不会只顾自己的感受。

不用说，带我结识私立学校出身那群人的那对夫妇，既没有自知之明，也不够慷慨大方。我告诉他们我交了新女友，他们会说："感谢上帝，那事儿终于结束了！""那事儿"，指的是我接二连三的恋爱挫折，我用来取悦他们的那些趣事的源头。他们这么说，是好心好意，但显然也是一种压力，就算几个月后事情变了味儿，我还是要尽量维持恋爱关系。"那事儿"应该结束，我不能回到"那种"状态让他们失望。好吧，终于分手了，他们的反应，同样好心好意，但却很难说是一种安慰。"我们就是觉得遗憾，不可能有小比利们在周围跑来跑去了。"等等，什么？不可能？你们觉得我这本书已经结束了？听起来是这个意思呀，就像我已经向他们证明，我这个人彻底翻不了身了。

奥斯丁认为，真正的友谊，和真正的爱情一样，都很罕见。"有的地方，人性在考验的关头可能是了不起的，"《劝导》中的史密斯夫人说，"但是总的说来，……人们听说的是自私与急躁，而不是慷慨与刚毅。世界上真正的友谊如此少见！"史密斯夫人生活困难，安妮认为，"置身于这样一伙人当中，使她觉得人世间并不像她想望的那样美好"——也就是说，不像安妮想望的那样美好；她能做的，唯有想望而已。安妮知道，史密斯夫人"见过世面"，比未经风雨的自己见多识广，虽然新近结识了一些海军，但自己的经历尚不足以质疑这位史密斯夫人的看法。（第二卷第五章）

安妮与史密斯夫人的关系，属于那种少见的、真正的友谊。母亲去世后，安妮被送到寄宿学校，在那里认识了史密斯夫人。"为失去自己亲爱的母亲而悲哀，为离开家庭而伤感，对于一个多情善感、情绪低落的十四岁小姑娘来说，此时此刻岂能不感到悲痛"，年长三岁的史密斯夫人"对安妮关怀体贴，大大减轻了她的痛苦"（第二卷第五章）。有用、善良——奥斯丁《曼斯菲尔德庄园》赞美的也是这些行为准则——对她来说，比天底下所有的聪明才智都更重要得多。

如今，史密斯夫人需要别人的善意了。她失去了丈夫、财产，双腿残疾，安妮与她重逢时，她住在昏暗、简陋的房子里，从一个房间到另一个房间，非得有人帮忙不可。沃尔特爵士听闻女儿前去拜访这样的人，简直不敢相信自己的耳朵，他说："西门大楼！安妮·埃利奥特小姐要去西门大楼拜访谁呢？——一位史密斯夫人。一位守寡的史密斯夫人。……她有什么吸引人的地方？就因为她老弱多病。说实话，安妮·埃利奥特小姐，你的情趣真是不同凡响啊！"（第二卷第五章）

结果，真正做出仗义之举、展示何为真正友谊的，却是史密斯夫人。她知道安妮某个熟人的一些事情，从礼数上看，而且更重要的是，如果从她可怜的自我利益出发的话，不说出真相最好。当然，说出真相，对安妮有利。史密斯夫人不是圣人。她挣扎过，不知道如何是好。她对改善自己的悲惨境遇已经不抱任何希望了，但说出真相，很可能破坏"她新近产生的希望、自己最渴望的事情"。闭口不言，可能对她最有利。但她深吸一口气，说了自己该说的话。（第二卷第九章）

把朋友的利益摆在自己的利益之上，这是奥斯丁对真正的友谊的看法。这意味着勇于承认自己的错误，更重要的是，还意味着敢于指出朋友的错误。我用了很长时间来理解这种看法，因为它与我们今天的友谊观截然不同。今天我们认为，真正的友谊意味着无条件地接受和支持。真正的朋友认同你的感受，支持你的观点，随时随刻让你感觉良好，也从不判断你。但奥斯丁不这么看。她认为，幸福快乐意味着做个更好的人，而做个更好的人，意味着有人以你不能回避的方式指出你的错误。是的，真正的朋友希望你幸福快乐，但幸福快乐和感觉好不是一回事，甚至可能是相互对立的。真正的朋友不包庇你的错误，而是敢于向你指出错误，甚至冒着失去你友谊的风险——这意味着，冒着让他们自己不快乐的风险。

写完奥斯丁那一章的那个夏天，我所接受的这个惊人的新看法，就经受了考验。我大学时期最好的哥们儿在另一个城市读研究生，我觉得自己越来越不了解他了，不是因为我们不联系，而是因为我们联系时他几乎从不说实话。而且，我觉得他酗酒的问题很严重。有个周末他回纽约，我们约好晚上见面。他妻子知道他有酗酒问题，但还是同意他出来见我，前提是我保证只在本地酒吧喝点啤酒。

还没怎么寒暄，他已三杯下肚，于是谈话结束了，还没聊什么正事呢。他开车送我回家（当时我也希望赶紧散了吧）。他拐错了弯——谁知道呢？——来到过去我们在东村常去的老地方。我们得去"蓝金"酒吧叙叙旧，对吧？于是，我小口喝着啤酒，看着他一杯一杯，管他呢，回家前最后一杯。

接下来的那个星期，我试着写信给他，信的开头像往常一样轻松愉快，但很快就写不下去了。我们闭口不谈房间里的那头大象，这个问题不谈，其他问题就没法谈。又过了一个月，我终于鼓足勇气给他写了一封信。我甚至没提他需要正视酗酒这个问题，我只是告诉他说我们之间再也没有过去那种感觉了，真是太遗憾了。

好几个月没有他的消息。我以为我们的友谊结束了。等他终于和我联系时，他说他戒酒了，参加了匿名戒酒协会等等，而我的信是他这么做的一个原因。我知道，我知道，那封信还有另一个作者，那就是奥斯丁。

对别人来说我是个真正的朋友，这的确让人高兴。但更让人高兴的是，我意识到自己身边一直有一个这样的朋友。她是青年运动唯一的一个朋友了，比我自己更了解我。最烦人的是，我犯蠢的时候她总能逮到我。就像那一次，在我就她朋友昂纳的名字说出更多愚蠢的双关语之前，她打断我说："比利，这些她都听过了。"每次她都尽可能地轻描淡写，但总是刺痛我，让我觉得自己渺小、愚蠢。直到学会奥斯丁的教训——一方面是丢脸，另一方面是友谊——我才意识到我有太多理由需要感谢这位朋友多年来的耳提面命了。她一直想要我做个像模像样的人——也许她觉得我可以成为像模像样的人——而且相信我一定办得到。

可以想见的是，大家总是好奇我俩为什么不在一起。这个问题让我生气。难道男人和女人不能只做朋友吗？不能只谈友谊不谈性吗？当然不是，关键在于你怎么看。嗯，是的，我终于看了电影《当哈利遇到莎莉》，但却发现它的结论是男女不能成为真正的朋友，"因为性这件事是绊脚石"。放眼望去，哪里都一样。不同性别的人嘴上说"只是朋友"，放心吧，这其实意味着私底下总有事情发生。

大家都这么看，而这种看法最烦人的是，它暗示说男女之间真正感兴趣的只是性那些事。交流，合作，或任何日常活动，都是不可能的。我们不仅性别不同，我们还是不同的物种。

这种看法，奥斯丁也拒绝接受。实际上，据我所知，她还是最早挑战这种看法的人之一，这在《劝导》里表现得尤为直接。造访莱姆镇那次，大伙儿正式认识后——一边是安妮、玛丽等人，一边是哈维尔夫妇和本威克舰长——女主人公发现自己总是和本威克舰长凑在一起。两人有很多共同点。他们都为失去爱人而伤感，安妮失去温特沃斯舰长，本威克失去未婚妻，哈维尔舰长已故的妹妹。两人都腼腆、温柔、有见识。还都很喜欢读诗。不是一次两次，而是三次，傍晚和早晨"安妮发现本威克舰长走在自己身边……安妮发现本威克舰长又凑到了她跟前"（第一卷第十二章），这两个单身的年轻人，真诚地深入交流了他们对当时最受欢迎的诗人拜伦勋爵、沃尔特·司各特爵士的看法。

而且，两个人之间没有丝毫性吸引的火花。奥斯丁让我们大胆期望两个人走到一起，然后给我们上了一课。男人和女人，就算年轻的单身男女，也可以像安妮和本威克那样相互交流、相互理解、相互同情、相互吸引，甚至分享最私密的思想和情感，但同时又不必有性吸引力——安妮和本威克显然就没有。换句话说，他们也可以成为好朋友。

本威克并不是女主人公唯一的男性朋友。哈维尔舰长也是安妮的朋友，他作为已婚男子，虽说是个比较安全的朋友，但这种情况并不常见，今天恐怕也不免让人说三道四。他俩的重头戏出现在小说结尾。人群中，哈维尔"态度真挚大方，和蔼可亲，好像早就是老朋友似的"，邀请女主人公过去说话。两人很快就谈到哪个性别的人相对而言更忠贞的问题。男人，女人，哪个性别的人爱得更持久，用情更深？当然，两人都站在各自的性别立场发言。哈维尔提出他认为的决定性证据：

    "请听我说，所有的历史记载都与你的观点背道而驰——所有的故事、散文和韵文。假如我有本威克那样的记忆力，我马上就能引出五十个事例，来证实我的论点。我想，我生平每打开一本书，总要说到女人的朝三暮四。所有的歌词和谚语都谈到女人的反复无常。不过你也许会说，那都是男人写的。"

"也许我是要这么说。是的，是的，请你不要再引用书里的典型例子。男人比我们具有种种有利的条件，可以讲述他们的故事。他们受过比我们高得多的教育，笔杆子握在他们手里。我不承认书本可以证明任何事。"（第二卷第十一章）

"笔杆子握在他们手里"，但再也不会了。这一刻令人兴奋，这是奥斯丁身为作家的高调宣示，她在英语小说世界里插上了女性主义的旗帜。但是，这个场景不是为了女性主义论述而设的，它本身就是一种女性主义论述。安妮和哈维尔的谈话有共同的出发点，辩论时彼此都体现出了尊重、善意和钦佩。奥斯丁告诉我们，男人女人可以是平等的，男人女人也可以成为朋友。

幸运的是，我早就知道了这一点。这也是我在青年运动中学到的东西之一。而且，正是通过我最好的朋友，我才找到了一个朋友圈，多年来我梦寐以求的流动的共同体。她读研究生时有个朋友的家人在新英格兰有栋房子——你可以想象的那种最美好的老房子，门廊宽阔，像祖母敞开的围裙，大客厅温馨舒适，从前房子归镇上所有时，舞会就在这个大客厅举办。不可思议的是，周围环境还很像《劝导》里的莱姆，房子也在水边。（实际上，它离康涅狄格州的莱姆也不远。）房子的主人是个海员，像海员一样爽快务实，还有安妮很高兴在海军身上看到的那种毫不装模作样的温暖。和哈维尔夫妇一样，他发自内心地热情好客。和哈维尔夫妇一样，他接待安置任何想来的人，来的都是朋友。一句话，和哈维尔夫妇一样，他让你觉得像是回到了自己家里。

天气温和的周末，整个东北部的朋友都在他家聚首。我从纽约过去，我最好的朋友从新罕布什尔开车过去，康涅狄格也有人过来，大家懒洋洋地在一起过个周末。波光粼粼，水鸟在头顶盘旋鸣叫，白天我们玩球、吃蛤蜊，晚上喝啤酒，弹吉他，聊天，聊天，聊天。时间久了，彼此都像穿旧了的鞋子一样舒服。我们倾听彼此的故事，认识彼此的男朋友、女朋友，容忍甚至慢慢喜欢上彼此的缺点。

我们出于同样的原因聚集在那里，三十出头，终于脱离父母了，但又都感到失落。我们有些人有稳固的伴侣，有些人没有——从共同体的意义上说，这不重要。不过，从另一种意义上说，这也很重要。秋天，我写完奥斯丁一章，我们的东道主突然陷入热恋。某个周末，我们都来看他的女朋友——事情发生得太快了，他们已经住在一起了。那个晚上，我们大概有八个人围坐在餐桌前，津津有味地品尝她做的甜点。蜡烛燃尽了，她的猫咪们在我们腿边蹭来蹭去，有人讲了一个笑话。我往后一靠，看看四周，心想，是的，我找到我的家人了。

第六章

《理智与情感》：恋爱

在布鲁克林住了快三年了，有很多事情让我心存感激。我学会与父亲相处，让我们的关系变得积极正面。我不再担心他的批准认可，也开始接受他这个人改变不了的事实。奥斯丁一章写完了，《米德尔马契》也写了几百页，论文完成一半多了，我终于有了那种胜利在望的感觉了。而且，我还找到了一个真正的朋友圈。

但还少一件事。大事。我还没有伴儿。不只同床共枕，还要共同进退。不是一夜情、短暂的风流韵事或一个夏天的恋情，而是稳定、美满的真正关系。离开青年运动、大学和研究生头几年——都在象牙塔内，找个女朋友相对容易——我还没准备好面对纽约堪称全面恐怖的约会世界。仿佛陷在无休无止的蠢话的迷宫里，和地铁一样阴暗，让人惶惑不安。以往我总是通过朋友认识新人，但现在，我不得不在走进派对或点饮料时抓紧时间给陌生人留下好感，而对方也完全清楚我的意图。

这里是纽约，迷人还不够（并不是说我知道什么是迷人）。

必须让人印象深刻，特别是男人，必须看起来像成功人士，听起来像人生赢家。做什么工作？知道些什么？哪个学校毕业？我学会在五分钟内重点突出自己的履历。和单身女人聊天，感觉像是工作面试。大家都说，做自己就好啦。做自己？这不就是问题所在吗？

我觉得尊严荡然无存。盲约。相亲。受邀共进晚餐，结果她有男友，"没意识到这是约会"。一堆女人喜欢我，但"不是那种喜欢"。朋友们说："你起码交到新朋友了嘛！"我还击："我并不想交更多朋友！"

有一次，上完健身课，我和一位女士攀谈了起来——当时就是那种开弓没有回头箭的神奇时刻之一，来不及紧张。她聪明，友善，有趣，漂亮。到了转角分手时，我们不约而同，开口问道："你的名字？"她叫帕姆。帕姆，帕姆，帕姆，帕姆，帕姆。整个星期我都渴望再见到她。下个星期她没有现身。我有些失望。下下周她会来的。没有，还是没有出现。我快疯了，于是在《村声》上登了一则那种"我见过你"的广告："急寻帕姆"，还附上了时间、地点和我的电话号码。

一个建议：私人广告千万别留电话号码。有个女人打电话来自称帕姆；（"我当然是帕姆"——"好吧，那你是做什么工作的呢？"——"哎呀，得了吧！"）有个女人承认自己不是帕姆，但希望我们在一起；新泽西有个家伙打电话来，对女朋友不好找这件事表示同情。（我的建议是："你最好别再和那些比你有钱、比你漂亮的朋友一起参加单身活动了。"）还有个*男的*假装自己是帕姆（"愿意的话，你可以叫我帕姆"）。一天深夜，我最后接到一个家伙的电话，声音听起来像磨砂纸，他说，只要价钱公道，他愿意把我介绍给"帕姆"。

那几年，我的确认认真真谈过一次恋爱。开始时挺浪漫。我是在一个老朋友的婚礼上遇到她的。后来才知道，其实是设计好的相亲。应她要求，我朋友列了好些个符合条件的候选人——确切说，摆出照片——她选了我。好吧，好吧，候选人不多，只有我和另一个家伙。但她还是选了我。她告诉我的时候，我觉得更浪漫了，缘分天注定呀。

我朋友安排她在机场巴士站接我。 上她的车，我们马上就有了化学反应，不只是性火花，还有轻松、熟悉、亲切的感觉，像老熟人一样重拾刚中断不久的话头。整个周末，我们形影不离，笑个不停，不敢相信自己运气这么好。那场婚礼是在密歇根办的（我朋友和她刚读完密歇根大学的研究生），婚礼结束后她就要动身前往波士顿，从事一份新工作，开始一段新生活。她邀请我上她的车——这种心血来潮，很有点邦尼和克莱德亡命天涯的味道，明目张胆、紧张刺激。

一路上，我们交换故事，还在尼亚加拉大瀑布的汽车旅馆过了一夜（当时我们并没有意识到那是个蜜月胜地）。几天后，我和她依依惜别，发誓一定要把这段异地恋进行到底。我们甚至还提到了 M 打头的那个词（结婚），例如，"是的，事情解决了，我就准备结婚了"。这句话，其实是我说的。我简直不敢相信自己长大成人了。感觉像是对奥斯丁的报答，我准备开始成年人的成熟爱情故事了。

没过多久，风向就变了。在波士顿争吵，在布鲁克林争吵，通过电子邮件争吵（那时刚有电子邮件）。为我的感受争吵，为她的感受争吵，为我们争吵这件事争吵。从一件事吵出另一件小事，解决那件小事后才能回到一开始吵的事上来。打了无数个电话，没说上几分钟就因为某件事开始争吵，一吵就是整个晚上。

我太想恪守承诺维持这段感情了，结果忘记扪心自问是否真的享受其中。事实是，我们真的合不来。蜜月期结束后，我们开始了解真实的对方，发现其实并不是那么喜欢对方。因为始终活在那个浪漫开端的魔咒下（也是一个将来可以回忆的迷人故事），我花了好几个月时间才决定放手，接受现实。

分手后，我几乎发誓从此不再认真谈恋爱。邂逅，火花，亲切感：难道爱情不是这样吗？我的直觉大错特错了吗？如果来不及脱身呢？简直九死一生啊。对于我这样对承诺比较敏感的人来说，这次经历让人心灰意冷。我还想找个女朋友，但我比以往任何时候都更坚定:绝对不能结婚。

　　论文第一章早就写完了,我以为我和奥斯丁之间暂告一段落了。但那一年,据她小说改编的影视剧一部接一部问世:《独领风骚》(Clueless,《爱玛》的当代版电影),《劝导》,科林·费斯主演的 BBC 剧集《傲慢与偏见》,格温妮丝·帕特洛主演的《爱玛》。我最喜欢的是爱玛·汤普森(Emma Thompson)改编的《理智与情感》。这部电影轻松、迷人、风趣,我从没想过可以用这几个词形容这部小说。和《劝导》《曼斯菲尔德庄园》一样,《理智与情感》也属于奥斯丁作品中的黑暗向,它是冷静的,甚至是苦涩的——讽刺但不快乐,有趣但不好笑。我最喜欢的奥斯丁名言也出自这本书:"她是个话不多的女人,因为和一般人不同,她总是有多少想法就说多少话。"(第二卷第十二章,反讽的双刃剑所向披靡,是这部小说性情气质的最好缩影)但我从没喜欢过整部小说。现在,我回头重读,想知道这部赏心悦目的电影是如何从如此沮丧的一部小说改编出来的。

　　《理智与情感》给我造成的困扰,和《曼斯菲尔德庄园》一模一样:它想要我接受我不相信的东西,就算奥斯丁相信,我也接受不了。这个故事看起来极其不浪漫,甚至是反浪漫的。《理智与情感》摆出了两种爱情观,分别由两位女主人公代表,而且主张我们选择不太有吸引力的那一方。

玛丽安·达什伍德，是我们心目中浪漫故事的典型女主人公。她年轻漂亮，热情洋溢，毫无保留。唱起歌来像天使，朗诵诗歌时感情充沛，早晚时分一个人散步敢走很远。她对爱情的看法既高尚又挑剔。她说："我世面见得越多，越觉得我一辈子也见不到一个我会真心爱恋的男人。"她的意中人不仅要德才兼备、风度翩翩、双眼炯炯有神，为了配上她的激情，他还得具备更多品质："跟一个趣味与我不能完全相投的人一起生活，我是不会幸福的。他必须与我情投意合。我们必须醉心于一样的书，一样的音乐。"（第一卷第三章）玛丽安想要的不是一个丈夫，而是灵魂伴侣。

总之，这个男人很快就奇迹般地出现了。一个狂风大雨的清晨，玛丽安跑回家避雨时摔倒扭伤了脚踝。一位绅士从天而降，冲过来救她，飞快抱起她，把她送到安全地带。他年轻漂亮，优雅大方，很有男子气概。他风度翩翩，很会说话，举止优雅。而且，和玛丽安一样，他对音乐和诗歌、跳舞和打猎也充满了热情。仿佛是天作之合。没过多久，玛丽安就觉得了解他像了解自己一样。她说："熟悉不熟悉，不取决于时间和机缘，而只取决于性情。对某些人来说，七年也达不到相互理解，而对另一些人来说，七天就绰绰有余了。"（第一卷第十二章）这个人名叫威洛比，他们很快就坠入了爱河。

与此同时，玛丽安的姐姐埃莉诺也遇到了自己的爱情——

如果称得上爱情的话。小说开篇，两位女主人公即将失去她们从小住到大的家诺兰庄园。父亲过世后，母亲和她们三姐妹流离失所，因为她们同父异母的兄弟约翰及其妻子范妮鸠占鹊巢。约翰"心眼并不坏，除非你把冷漠无情和自私自利视为坏心眼"（第一卷第一章），范妮更糟糕。约翰就算极不情愿，也很有可能同意达什伍德家的女人们留在诺兰，但范妮却下定决心要她们卷铺盖走人，尤其是看到埃莉诺和她弟弟爱德华成为朋友时。

爱德华平淡木讷，甚至因羞涩腼腆而显得缩手缩脚。他没有突出的才华，也没什么远大理想，和威洛比截然不同，没人会觉得他是理想中的爱人。这个可怜的年轻人甚至还不漂亮。不过，埃莉诺同样也不想在这个世界上闹出什么大动静来。玛丽安热情，她冷静；玛丽安漂亮，她长得还算过得去；玛丽安蔑视社会规范，她举止有礼，尽可能克制淡化自己的感受（还告诫玛丽安不要过分张扬）。埃莉诺和爱德华成了朋友，但也仅此而已，似乎不会更进一步。

算是一时疏忽吧，埃莉诺用她典型的古板口吻对妹妹承认说："我常常见到他，研究了他的情感，听取了他在文学与鉴赏方面的见解。整个来说，我敢断言，他知识渊博，酷爱读书，想象力丰富，观察问题公允而准确，情趣风雅而纯洁。"真不容易，她硬是清醒理智地说完了这番话。面临玛丽安的进一步施压，埃莉诺把自己的情感描述为："我不想否认，我非常看重他——我十分尊敬他，喜欢他。"她用了很多字眼，就是不肯说出我们希望听到的那个字。"尊敬他！喜欢他！"玛丽安像是懂得我们的心思，回答说，"你再说这些话，我马上就离开这个房间。"（第一卷第四章）

然而，正是埃莉诺和爱德华之间不温不火的关系，而不是玛丽安和威洛比之间奔放的浪漫激情，代表了小说对真正的爱情的看法。随着情节的展开，我们看到，埃莉诺的方式是行之有效的，玛丽安的方式是不足称道的。当然，学过奥斯丁关于成长的那一课，我知道玛丽安太相信自己的感觉了，太喜欢大写罗曼蒂克的首字母了。毕竟，和老房子说再见时，她一口气用了七个感叹号，"亲爱的诺兰庄园！……我什么时候才能不留恋你呢！……哦！幸福的家园……"（第一卷第五章）是的，玛丽安总是被写得过分天真、兴奋过头，但这只能说明奥斯丁的偏见，也说明她试图使出浑身解数说服我们相信——有时可能也是为了说服她自己相信——埃莉诺的爱情观更胜一筹。我理解，奥斯丁希望我们把理智置于情感之上，但选择让埃莉诺的爱情观胜过玛丽安的爱情观，这种做法并不能奏效。这是在*两种*感觉之间选择，涉及的是两种爱情观。

当我们想到爱情的时候，我们想到的是罗密欧与朱丽叶。奥斯丁那个时代，莎士比亚那个时代，还有现在、将来，人们都是这种爱情观。和玛丽安一样，我们相信一见钟情。那天她甚至来不及看一眼救她的那个人，就清楚地知道"他的人品风度堪与她想象中的故事里的英雄人物相媲美"（第一卷第九章），她渴望了解他的一切。第二天的第二次见面，不过是确认她已有的感觉而已。就像《教父》里的迈克尔，玛丽安被"雷电"击中了。

和玛丽安一样，我们也相信真爱只有一次。玛丽安坚决抗拒当时人们所说的第二段感情，所以也反对再婚。在奥斯丁的时代，人们的预期寿命较短，再婚很常见，就像今天离婚很常见一样。当然，今天我们很自由，玛丽安和她的同时代人不自由；只要愿意，今天我们可以有很多段感情，可以结婚，也可以不结婚。但是，虽然我们对待感情的态度可能不像她那样斩钉截铁，我们也往往相信，最后那段感情，最后遇到的那个人，才是真的；之前的其他关系，其他人，都是错误。玛丽安认为只有第一段感情才算数，我们认为最后一段感情算数，但我们都相信真爱只有一次。

虽然生活方式变了，但我们像玛丽安一样相信年轻人的爱情。至少，从各种书籍、歌曲、电影来看，我们想要相信这个。朱丽叶只有十三岁，不是因为莎士比亚的时代人们结婚较早——并不是——而是因为我们总觉得真正的爱情与青春的热情、朝气和纯真分不开。我们觉得，爱情是春天，爱情是开始。

玛丽安十六岁，奥斯丁最年轻的女主人公，在她看来，"一个二十七岁的女人绝不可能春心复萌"——是的，我们想到了安妮·埃利奥特——而一个三十五岁的男人"早就没有这种冲动了"（第一卷第八章）。如今我们不同意玛丽安的算法，不是因为我们对待爱情的态度变了，而是因为比起奥斯丁那个时代来，我们觉得自己年轻的时间更长了，保持年轻的状态也更久了。

我们相信灵魂伴侣，相信天底下有个真心爱人在等着我们，星星会把那个人带到我们身边。在意第绪语中，那个人被称为"你的 beshert"，你的命运。古希腊以来的所有爱情神话，我们最喜欢柏拉图讲的那个故事：人类原本有四只胳膊四条腿，天神把我们分成两半，因为那种田园牧歌状态中的我们太强大了。现在我们在世界上游荡，找寻我们的另一半，想让我们的身体在爱情中重新合二为一。我们说"你成全了我"，说的就是这种感觉。

所以，和玛丽安一样，我们认为真正的爱情就是志趣相投，和和睦睦，没有任何冲突争执——这种看法也体现在今天交友网对个人性格的细分和"天作之合"（Perfect Match）、"一生和谐"（eHarmony）这些网站名称上。我们认为，真爱是另一个自我。反过来说，失恋就等于死亡。罗密欧以为朱丽叶死了，于是自杀身亡；从假死沉睡中醒来后的朱丽叶，跟着也殉情自杀。

玛丽安差点就遭遇同样的命运。幸福不过几个星期，她轰轰烈烈的爱情骤然瓦解冰消，这几乎要了她的命。昨天威洛比还打算求婚，今天就消失得无影无踪。玛丽安忧心如焚，这是什么意思？她跟去了伦敦，送出一张又一张字条，不告诉姐姐发生了什么事，最后终于在一个舞会上找到了他，结果在众目睽睽之下被人以最残忍的方式抛弃了。（后来我们才知道，债台高筑的威洛比被迫向另一个更有钱的年轻女人求婚了。）女主人公了无生趣，一蹶不振。她不注意自己的身体，结果招来一场大病，几乎要了她的命。如果真爱只有一次，那么，一切都结束了，活着还有什么意义呢？

我们觉得，爱是发生在我们身上的某种事情，是不知不觉向我们袭来的一种力量，让我们成为它的傀儡。爱不以我们的意志为转移，不关心我们的利益，让我们的意愿屈服于它。丘比特向清澈蔚蓝的天空射出他手中的箭，让我们在欲望中疯狂。但丁《地狱篇》中的保罗和弗朗西斯卡，最让人同情的两个罪人，像力场中的粒子一样被爱情左驱右遣，在爱的力量面前徒唤奈何。希腊神话中的爱情，真的把人撕成了两半。爱不只是神，还是诸神中最伟大的神，诸神在她面前都绝望无助。仿佛火焰一般，它燃烧沿途的一切。

所以，和玛丽安一样，我们觉得真正的爱情自由不羁，没有任何限制约束。我们逃课，在户外做爱，各种疯狂冒险，最后变得连朋友都认不出我们来了。玛丽安和威洛比初次在一起时——这是她姐姐最担心的事——他们抛开一切礼数，毫不羞耻地当众亲热，忽略对周围邻居的义务（背后还对他们冷嘲热讽），还以最令人侧目的方式在乡间骑马驰骋。在玛丽安看来，蔑视传统规范——就像罗密欧和朱丽叶两家有世仇、保罗和弗朗西斯卡犯了通奸罪一样——就是真爱的证明。从本质上说，爱是非法的、危险的、反叛的。

我很能体会玛丽安的感受。十八岁那年夏天，我也有过类似经历。没错，犹太青年运动夏令营，但还没入营事情就发生了。当时，我们在纽约的运动办公室附近瞎转悠等巴士，拐了一个弯，我就发现自己脸红了。在大脑明白发生了什么事情之前，我的身体就收到了信息。她在那里，坐在桌子上，像是在等我。她是我见过的最漂亮的女孩——不，是我见过的*唯一*一个女孩，天底下除了我们就没有别人。她说了声"嗨"，给我一个科罗拉多大峡谷那样的灿烂笑容。我回了声"嗨"，慌慌张张却步不前，像是有股力量把我往后拽，当时的我简直手足无处安放。

虽然只有那么一刹那，我还是看到了她脸上的表情，那个表情像是说，没问题，早晚的事儿。后来，不管我在哪里——坐在行驶的巴士上，或是入营的最初几天——我的后脑勺都像是有根绳子与她相连，不管她在哪里，她都在我身后。没过多久，我们就一起度过了很多很多时间。我的心不再笨拙地小鹿乱撞了，至少在她身边我也能站直了。有一种引力把我们拉到了一起。没有事先计划过什么，但我们总能坐在一起，一起散步——最后，是的，最后我们成了一对。

我十八岁，天哪，除了她的脸庞、她的眼睛，再也没有别的了。夏天为我们屏住了呼吸。过去我从没说过"我爱你"，现在觉得说其他什么都离题万里。我神思恍惚，步子轻飘飘的，不敢相信感觉这么强烈，这么纯粹。我们亲破了嘴。一天下午，我们坐在苹果树下，"你觉不觉得，"我说，"我们是同一个人？"她看看地，看看天，她说："是的。"

夏天呼出了那口气，事情结束了。夏令营结束了，生活结束了。我觉得自己四分五裂，胸口有一个洞，她本该在那里的。她来自得克萨斯，还在读高中。我们从没打开天窗说亮话，但我们都知道一切结束了。夏天过去了，我们没机会再在一起了，亚当和夏娃再也回不到伊甸园了。那时还没有电子邮件，不能异地恋，我们还不能掌握自己的生活，看起来再也没有机会见面了。甚至通信也无关紧要了。唯一紧要的，就是蜷成一团，伤心欲绝。

所以，我完完全全同情玛丽安。和其他人一样，我相信她的爱情观。但让我抓狂的是，看起来奥斯丁不相信，至少《理智与情感》不相信。她的其他小说不都令人难以置信地浪漫吗？我漏掉了什么呢？

电影只是让我更困惑。爱玛·汤普森是*如何以丰富的情感*填满这个故事的呢？我重读小说，读得更仔细，发现她的办法就是欺骗。她没有改动玛丽安和威洛比的故事，这个故事不需要改动，但她改变了埃莉诺和爱德华的故事。她让爱德华有了可爱的冷幽默，让他与达什伍德家的小妹妹玛格丽特有了甜蜜的兄妹情，玛格丽特在小说里只是干巴巴的一个名字而已。当然，她也让休·格兰特来演爱德华这个人物。休·格兰特不仅比吉米·斯图尔特以来的其他任何演员都笨手笨脚得迷人，他还像其他演员一样英俊。通过赋予埃莉诺更深厚的情感，例如让她在离开诺兰庄园时与马儿依依惜别，爱玛·汤普森也让这个人物变得更可爱了。

电影结尾还用同样的手法改写了另一对恋人。在小说里，他们的故事比埃莉诺和爱德华更不浪漫，玛丽安多多少少有点被迫无奈，嫁给了一个她刚刚开始喜欢，但肯定说不上爱的男人，奥斯丁有点事后解释的意味，用不到一页的篇幅就把整件事情打发过去了，全然不在乎读者的抗议。在电影中，爱玛·汤普森借用了奥斯丁其他小说中的华丽桥段——从《爱玛》借来钢琴这个让人惊喜的礼物，像《劝导》那样吟两句诗——让事情看起来有点罗曼蒂克的样子。这样一来，观众也更容易明白这两对年轻人为什么会坠入爱河。但这只能让我更困惑，不明白奥斯丁为什么要把事情弄得如此麻烦棘手。这部小说也许是早期作品，但她并不缺乏手段或意愿创作一个让人心醉神迷的爱情故事。当时她已经写了《傲慢与偏见》，她最动人的爱情故事。

然后，我终于想到了两件事：一是《曼斯菲尔德庄园》，这部小说似乎反对奥斯丁相信的所有一切；一是我和那个在密歇根婚礼上遇到的女人的关系。天哪，我想，我怎么会如此盲目呢？我那段感情不就是玛丽安与威洛比式的浪漫故事吗？没多久就灰飞烟灭了。命运，灵魂伴侣，一见钟情，奋不顾身豁出去：浪漫元素应有尽有，符合各种神话故事，但它就是完全错了。

我终于意识到，问题可能就出在那些神话上。玛丽安觉得威洛比让她想起了她喜欢的故事中的英雄。我抓住那段感情不放手，因为事情开始时很像电影情节。我们对爱情应该是什么样子的想象蒙蔽了我们。和《诺桑觉寺》完全一样：来源于小说的陈词滥调，结果与现实没有任何关系。

但是，难道奥斯丁的其他小说没提倡过这些神话吗？我开始认真思考究竟是什么东西让它们看起来很浪漫，结果懊恼地发现，答案是否定的。她让我们喜欢、倾慕她的男女主人公，让我们经常看到他们在一起，巧妙地把他们分开，安排他们重逢，用一整套圈套、幌子和惊讶戏弄我们，但细究起来，我从没看到过我相信的那种陈词滥调。

我只是想都没想就把自己对浪漫的看法套在了奥斯丁的小说上。那些拍电影的人可能也一样。2005 年凯拉·奈特莉主演的《傲慢与偏见》，或许没有改变故事本身，但它却是按照爱情片的全套手法来润饰故事的：荡气回肠的音乐，风吹草低的远景，美丽绚烂的晚霞。伊丽莎白做出心潮起伏的姿势，她的爱人穿过随风飘舞的青草地大步走过来，他们的嘴唇忙不迭地、急切地吻在一起。为什么不呢？达西先生说的那个"长得还算过得去，但也没有漂亮到能够打动我"的年轻女人，如今美得让人窒息。帕特里夏·罗兹玛（Patricia Rozema）编导的《曼斯菲尔德庄园》（1999，哈罗德·品特扮演沃尔特爵士），是对原著的拙劣歪曲，它让谨小慎微的小范妮·普莱斯变成了淘气、大胆的年轻叛逆者，眼神嘲讽，嘴唇性感。1995 年的电影《劝导》，简直难以想象，结束时竟然是一个婚前的当众亲吻。科林·费斯主演的《傲慢与偏见》，尽管比大多数影视剧都更忠实于原著，也让热血沸腾的男主人公只穿着内衣就跳进了水里（全世界都为这一幕惊叹不已）。

当然，奥斯丁远远领先于我们。现在我懂了，她知道我们的想法，所以在《理智与情感》里抢先占据了关口。《曼斯菲尔德庄园》就是从这个关口进入的，这部小说告诉我们最重要的一些东西——善良比才智更重要——她的其他作品则允许我们不留意这些方面。《曼斯菲尔德庄园》把两种品质分给两个角色，一个是范妮，另一个是玛丽·克劳福特，挑战我们违背自己的直觉，选择应该选的那一个。我发现，《理智与情感》也是这么做的。奥斯丁的其他小说各方面都很浪漫，我们不需要留意到底是什么让它们看起来如此浪漫。现在，把酱和肉分开，她迫使我们把问题掰开来看。埃莉诺之于玛丽安，就是范妮之于玛丽·克劳福特：不那么吸引人的选择，却是正确的选择。玛丽安得到的是故事书上的爱情，埃莉诺得到的是奥斯丁所说的真正的爱情。

这么一想，一切就都豁然贯通了。仔细想来，埃莉诺的爱，伊丽莎白的爱，爱玛的爱，奥斯丁其他小说里的爱，都和我从她那里学到的所有一切一脉相承：善良，成长，学习，友谊。

我觉得，在奥斯丁看来，不管是不是突如其来，爱不是发生在你身上的事情，而是你应该准备好去迎接的事情。只要伊丽莎白还自以为是，只要爱玛还看不起周围的人，只要玛丽安还听不进去姐姐批评她不顾家人邻居的感受，她们的心灵就是闭塞的。奥斯丁认为，在爱一个人之前，首先要了解你自己。换句话说，你必须长大成人。爱情不会像魔法一样改变你，让你变得更好，或是让你脱胎换骨变成另一个人——这也是过去我相信的一个神话——爱情只能在你是个什么样的人的基础上发功用力。

《诺桑觉寺》说，我们必须学会去爱。这种说法可以用于爱风信子、爱小说，但我从没想过把它用在爱情上，也就是说，学会恋爱，学会浪漫地爱上一个人。恋爱，难道不是最自然而然的事吗？听起来的确很奇怪，奥斯丁说，我们不是生来就懂得如何去爱的。在她的爱情观中，年轻不是必要条件，甚至还是一种障碍。是的，她的大多数女主人公用今天的标准看都很年轻，但当她们恋爱时，她们已经摆脱了天真和无知。而且，有两个男主人公至少三十五岁了，《劝导》的女主人公安妮也到了玛丽安觉得老得可怕的二十七岁。至于玛丽安，小说开始时她十六岁，结束时十九岁，和故事开始时姐姐埃莉诺的年龄一样大，也像姐姐一样成熟明智了。

奥斯丁告诉我说，了解自己还不够，你还应该了解你爱的那个人。不管玛丽安和我怎么想，这不是一蹴而就的。奥斯丁认为，一见钟情是个自相矛盾的说法。她承认，第一眼产生渴望，第一眼引发一连串的幻想和投射，但一见钟情？没有。听起来很无趣，但埃莉诺的做法才是正确的：经常见面、研究他的情感，倾听他的见解。不用说，这个过程不是一时半刻、一个星期就足够的，而是需要长期接触，耐心地熟悉了解对方。玛丽安，伊丽莎白·班内特，还有我，最后都痛苦地发现，一个人的性格，不是一眼就能看穿的。我们爱上的是一个人的性格，而不是他们的身体。

这些，没有任何道理可言，就算你列出清单，标明优点缺点——这也是电影套路——算出总和。我发现，和玛丽安一样，埃莉诺每走一步都是按照直觉行事，但那是更深层次的直觉。爱情不是瞬间击中你的，它压根儿就不会"击中"你。在奥斯丁看来，你根本就不知道自己是什么时候爱上一个人的，你只是发现自己坠入爱河了而已。《傲慢与偏见》快结束时，有人问伊丽莎白："你能告诉我你爱他多久了吗？"伊丽莎白回答说："那是慢慢发展起来的，我也不知道是什么时候开始的。"（第三卷第十七章）至于埃莉诺和爱德华，我们从没听到过风声，小说这里说他们是"喜欢"，那里说是"爱"，奥斯丁相信我们明白"喜欢"是如何慢慢变成了"爱"的。

于是，我问自己，如果埃莉诺和爱德华从未相遇呢？如果她"常常见到"的是另一个人呢？如果她发现*他*知识渊博，*他*观察公允而准确，*他*情趣优雅而纯正呢？她会爱上他吗？奥斯丁的答案非常肯定，她当然会爱上他。奥斯丁想说的是，天底下并没有"那个人"。我发现，无论是命运、灵魂伴侣、另一个自己、另一半、启明星、希腊神话，还是我们把爱情视为某种宇宙性的、神圣的、比爱情本身更大的其他神秘观念，奥斯丁一概不用。一段感情，至少在萌芽阶段，依靠的不是命运，而是命运的反面——机遇（chance）。

奥斯丁还迈出了更骇人的一步。她说，就算我们坠入爱河，也不一定意味着天长地久。在奥斯丁的时代，离婚不具备现实的可能性，但死亡和祛魅可以，她认为，一旦出现这种情况，你就很有可能，甚至不可避免地再爱一次。《劝导》里的安妮·埃利奥特相信刚刚失去未婚妻的本威克舰长"会重新振作起来，找到新的伴侣"（第一卷第十一章）。本威克舰长自己不这么看，但事情进展比安妮想象的还要更快。至于玛丽安，既不像最初希望的那样殉情，也不像后来打算的那样遁世隐居，她做了她的哲学观从没想过的事：开始了第二段感情。

这位浪漫爱情小说的教母、催生了约二十部大电影和上百集感伤电视剧的作者说："愈合难以克服的激情，转移不变的痴情，需要的时间在不同人身上是大大不同的。"（《曼斯菲尔德庄园》第四十八章）换句话说，没有什么激情是不能克服的，没有什么痴情是不可移易的。我们的心在变，我们的想法也在变。奥斯丁相信爱情，她只是不相信我们在她身上寄望的那种爱情。

在她看来，这一切也不只是理论上的。有人向她请教现实生活中的情感问题，她说到做到，知行合一。她最喜欢的侄女范妮·奈特二十一岁时，不知道自己是否应该嫁给本地的年轻绅士约翰·普伦普特里。小姑娘犹豫不决。他看上去有点严厉拘谨，热衷宗教，喜欢说教。总之，她不确定自己是否足够爱他。于是，她写了两封长信，和睿智的简姑姑仔细讨论了这个问题。

通信是绝密的。范妮把第一封信藏在一沓乐谱里，连卡桑德拉也不能知道这件事。"否则的话，我也不知道该如何解释这包东西，"奥斯丁赞许地说，"因为你亲爱的爸爸最仔细地搜来搜去，直到看到我一个人待在用餐的客厅，你卡姑姑也看见他有个包裹要寄。——不过，无论如何，我不觉得有人起了疑心。"但第二封信，开始让她有点紧张了。"我最亲爱的范妮，很高兴再次听到你的消息，"她说，"但是……写些可以读的东西，"——也就是说，可以大声读出来——"或是可以跟人说的东西"。

可以想象，奥斯丁专注地仔细阅读这些信件。她回信说："收到信的当天晚上我就读了，躲起来一个人读——一读就停不下来。"在这个紧密的小家庭中——家里还住着其他三个女人，卡桑德拉、她们的母亲、奥斯丁最好的朋友玛莎·劳埃德——没办法耍花样，一举一动都很难避人耳目。奥斯丁说："幸好，你卡姑姑在另一间屋子里吃饭，所以我不用刻意避开*她*。——至于其他人，我倒是不在乎。"

对于侄女面临的困境，奥斯丁含糊其辞。"我最亲爱的范妮，"她停下来，说，"我现在写的这些话，对你可能一点用处都没有。每分钟我的想法都不一样，不能对任何事提出建议，帮你做决定。"但范妮的感受却不一样，在讨论事情利弊的同时，奥斯丁不仅帮助侄女做出了决定，还印证了她自己小说表达的那种浪漫观。她对读者的建议，也很适用于她自己的亲人。

范妮面临的问题是这样的。一方面，普伦普特里先生显然是个很不错的年轻人；另一方面，奥斯丁发现，范妮对他的感情已经消退了，甚至觉得自己对他的爱是个错误。在安慰侄女时，奥斯丁考虑了那个年轻人的品格，她发现自己的看法再次发生了变化：

> 啊！我亲爱的范妮，写他写得越多，就越觉得温暖，越能强烈感受到这个年轻人身上的纯正品质，也就越希望你再次对他生出爱意。这是我的郑重建议。——天底下可能**真有**那样的人，一千个中有一个，你和我都觉得他完美无瑕，举止优雅、朝气勃勃而又品格高尚，风度翩翩代表他的心灵和见识。但这样的人，可能不会以你想象的那种方式出现。

她对侄女说的是，选择伴侣，最重要的是性格。举止优雅、朝气勃勃和风度翩翩，威洛比吸引玛丽安的这些特点，有的话当然好,但却不能代替爱德华那样的品格、心灵和见识。奥斯丁所有的男主人公都是后者,只有一对伴侣幸运地兼有前者。

不过,说服范妮结婚是奥斯丁最不愿意做的事情。"你把我弄糊涂了,"有一次她说,"你对我的感情让我觉得特别高兴,但你不能任何事情都依赖我的意见。这样重要的事情只能取决于你的感受,你自己的感受,而不是别人的感受。"感受,而非观点:嫁人不是因为他的性格,而是因为他的性格激发的那些情感。"比起没有感情的婚姻来,其他任何事都还不错,可以忍受,"奥斯丁提醒侄女说,"没有什么事情比*无爱的结合*更悲惨的了。"

虽然感觉会变,但对此我们也能有所作为。"希望你再次对他生出爱意",听起来,奥斯丁像是在鼓励侄女完成这看似不可能完成的任务。你显然不能选择对一个人生出爱意,就像你不能决定长得更高一样。但是,奥斯丁认为,如果一个人品行端正,爱意就会随着熟悉的程度而日益加深。她说的是"生出"(grow)爱意,而不是"坠入"(fall)爱河,这是一个渐进的有机过程,不是平地惊雷。"我不担心你*嫁给他*,"她说,"就他的所有品格而言,你很快就会深深爱上他,两个人都幸福美满。"

是"*嫁给他*",而不是订婚。问题是,普伦普特里先生的财政状况无法支持两个人在近期内正式结成连理。"你喜欢他,足以嫁给他了,"奥斯丁对侄女说,"但却等不起他。"再一次,爱情取决于机遇——各种机遇。是的，可能永远也等不来梦中人，但范妮才二十一岁，奥斯丁坚持认为：

> 每当我想到你并没有见过几个年轻男人——想到你具备怎样的真正爱上一个人的能力（当然，我还是觉得你有这个能力真正爱上一个人）——想到接下来六七年间你生活可能面临的诸多诱惑——（这个人生阶段容易产生最强烈的感情）——我就不希望你以现在这般冷静的情感把自己郑重地交给他。

还有，"你的确很有可能再也不会爱上别的男人了，各方面都和他旗鼓相当的人。但如果别的男人爱你*更多*，在你眼中他就会是最完美无瑕的人"。

爱比被爱好——我们从来没有从小说里学到这一点。在小说里，蒙作者开恩，情感总是相互的，有来有往。至于"可怜的约翰·普伦普特里先生，"奥斯丁说，"我敢说他会痛苦一阵子，好一阵子，直到必须放弃你为止；——但是，想必你也很清楚，我从来就不相信这种失望能夺人性命。"范妮听取了姑姑的建议，没有人送命。三年后，约翰·普伦普特里先生结了婚，有了三个女儿，赞同《曼斯菲尔德庄园》那种严格的道德观。范妮，就像姑姑建议的那样，等了六年，嫁给一个比自己年长十二岁、带着六个孩子的鳏夫，和他生了另外九个孩子。

奥斯丁并不反对浪漫，她反对的是浪漫神话。像她这样写了好几部婚恋小说的人，不应受到不浪漫的指责。而且，她认为人们应该为了爱情而结婚，"没有什么事情比无爱的结合更悲惨的了"，即便用今天的标准来看，她也是太浪漫了。从古至今，人们书写狂热的爱情故事，有些人，特别是年轻人，相信这些故事，但到了身体力行的时候，大多数人恐怕更有可能把爱情抛诸脑后。

那时的婚姻市场，严格按照等价原则拍卖年轻人。男人提供金钱和地位，女人有钱出钱，没钱的出美貌，换算精确到头发丝。讨人厌的约翰·达什伍德，埃莉诺和玛丽安同父异母的哥哥，从不觉得应该为了爱情而结婚。威洛比负心后，埃莉诺告诉约翰妹妹病了，约翰估算女主人公们的机会说道：

真不幸。在她这个年纪，不管生一场什么病，都会永远毁掉青春的娇艳！她的青春太短暂了！去年9月，她还和我见过的任何女人一样漂亮，一样惹男人动心……我记得范妮（他妻子）过去常说，她要比你早结婚……不过，她想错了。我怀疑，玛丽安现在是不是能嫁给一个每年充其量不过五六百镑的男人。你要是不超过她，

那才怪呢。(第二卷第十一章)

这个制度最糟糕的是，并没有人强迫你。父母强迫孩子不能"下嫁"，如果下嫁，或是有下嫁的念头，父母就会与孩子断绝关系。虽然包办婚姻的时代早就一去不复返了，年轻人可以选择，但婚姻市场的价值观却完全内化——结婚要慎重，结婚要结得"好"，不要想爱不爱的问题——他们表现得就像父母仍在替自己做决定一样。"婚姻幸福完全是个机遇问题，"奥斯丁笔下的一位年轻女性说，"你既然要和一个人过一辈子，最好尽量少了解他的缺点。"(《傲慢与偏见》第一卷第六章)"结婚的时候，一百个人中不上当的连一个都没有。"另一位则说，"在各种交易中，唯有这种交易，要求于对方的最多，而自己最不诚实。"(《曼斯菲尔德庄园》第五章)如果幸福只是碰运气，如果婚姻只是做交易，为什么不力争上游呢？

这种态度，还有玛丽安·达什伍德的那种浪漫梦想，都是奥斯丁小说批驳的对象。说第一句话的那位年轻女士，是伊丽莎白·班内特的朋友夏洛特，她要嫁给天底下最可笑、对于妻子来说无疑也是最讨人厌的男人。她辩解说，"我不是个浪漫主义者，从来都不是那种人。我只要求能有一个舒适的家。就柯林斯先生的性格、亲属关系和社会地位来看"——是的，就是*那个*柯林斯先生，英语文学中的大笨蛋之一——"我相信嫁给他是能够获得幸福的，可能性之大，不会亚于大多数人结婚时夸耀的那样"（《傲慢与偏见》第一卷第二十三章）。肯定的。说第二句话的那位，是《曼斯菲尔德庄园》里的玛丽·克劳福特，她不能让自己嫁给所爱的那个男人。在她们的创造者看来，这是两种版本的自我葬送（self-damnation）。

　　奥斯丁不傻，她既不妖魔化财富，也不理想化贫困。在为侄女的情感问题出主意时，她说，普伦普特里先生的优点在于，他是"大富人家的长子"。换句话说，虽说他现在还不是很有钱，但最终一定会很有钱。玛丽安以浪漫主义的高姿态问道："财富或地位显赫与幸福有什么关系？"她姐姐回答说："地位显赫与幸福是没有多大关系，但财富与幸福的关系却很大。"（第一卷第十七章）奥斯丁想说的是，财富不能代替爱情。这种看法如果落实到行动上，无疑是革命性的。

　　实际上，她的女主人公们，还有她自己，都是这样做的。《曼斯菲尔德庄园》里的范妮·普莱斯拒绝了能让自己变得富有的亲事。《傲慢与偏见》里的伊丽莎白·班内特，这样的亲事拒绝了两次。奥斯丁的侄女范妮——有钱的哥哥爱德华的女儿，唯有和有钱人结婚才能维持她从小过惯了的那种生活水准——听从姑姑建议，拒绝了"大富人家的长子"。奥斯丁自己，在面临可能是最后一次的结婚机会时，拒绝了朋友的弟弟哈里斯·比格-威瑟斯（快满二十七岁生日时，她接受了他的求婚，但当天晚上就改变了主意），这个人也是一大笔财富的继承人，一个可以让她变得富有的男人。

这些决定的风险可能很高。范妮·普莱斯，伊丽莎白·班内特，特别是奥斯丁，如果接受求婚，不仅自己能够摆脱贫困、不安定的生活处境，长远看来，也可以助家人一臂之力。如奥斯丁的传记作者克莱尔·托玛琳所言，接受哈里斯，奥斯丁就能"让自己的父母在余生过上舒适安逸的生活，还能给卡桑德拉一个家"，对兄弟的事业也会有所助益。她可以做个施惠者而不是受惠者，成为尊贵的夫人而不是穷亲戚。但她还是拒绝了。

她更看重爱情，真正的爱情，而不是故事书里的爱情。她太看重爱情，所以不愿意为了舒适而亵渎它，而且还用自己的工作来捍卫它。她的所有作品，都在幻想的礁石和犬儒的漩涡之间破浪前行。我知道，这两样东西今天也还在我们身边。我看到，年轻时人们喜欢古老的神话故事（我也一样）；我听到，长大后人们开始大谈"现实点"。他们觉得，安定下来，就是真正成熟的决定。最糟糕的是，我也是这么想的。

"结婚不是因为遇到了某个人；结婚是因为你准备好了，然后你就接受了你遇到的那个人。"说这话的是我哥，那时我还仰望着他。他三十出头的时候准备结婚，他的未婚妻——也是个专业咨询师，婚恋专家，看起来像是我见过的最聪明的那种人——是这么说的，"订个协议"。嗯，订个协议。换句话说，她不是疯狂地爱他，但她想要孩子，两个人的价值观基本一致，他也很能养家。

当时我二十五岁，一方面，我不能想象自己结婚这件事，就像我不能想象自己在月亮上行走一样；另一方面，他们看起来胸有成竹，像是知道自己在说些什么，他们说话的语气还因为是来之不易的经验之谈而显得很有权威。所以，尽管看似与我无关，但我还是奉为福音，视为成年人的秘密内幕。显然，人就是这样结婚的嘛。

时间快进五年。我和我哥为偏头痛药大吵了一架，他把我扔在时代广场，我们不怎么说话了。我开始接到嫂子的电话。和他生活在一起，成了人间活地狱。她需要跟人说说话，这个人要知根知底，知道他的能耐，能够印证一些事情。他真的是一根筋吗？他真的不尊重别人的想法吗？他真的不关心别人的感受吗？是的，我说，是的。我没说的是：婚前你们一起生活了两年，你怎么会不知道呢？我没问的是："协议"管用吗？（顺便说一句，又过了七年，她终于叫停，他们离婚时充满了火药味。）所谓成年人的理智，不过是失败主义而已。

看来，人们对待爱情不外乎两种态度。一方面是天真，一方面是厌倦。奥斯丁知道，天真和厌倦携手同行。《理智与情感》中的布兰登上校说："青年人富于幻想，一旦被迫改变主意，代之而来的总是些平庸不堪、危险至极的观点。"（第一卷第十一章）幻想导致幻灭，幻灭导致犬儒主义。但是，奥斯丁坚信还有第三种选择。不管多么少见，不管多么来之不易，她固执地相信婚姻幸福的可能性，没有比她更理想化的了。

那么，性呢？拘谨守礼、终身未嫁的简·奥斯丁，今天成了传奇人物，但仅此而已。《曼斯菲尔德庄园》里的玛丽·克劳福特用双关语影射肛交，开玩笑说"少将呀，中将呀，我见得够多的了"，可见这位作家并不是缩手缩脚的人。她说话也荤腥不忌。移居巴斯前，她写信给姐姐卡桑德拉，一本正经地开玩笑说："我们打算保留一个安分的厨娘和一个轻浮的年轻女仆，还要一个稳重的中年男人，这样他既可以充当前者的丈夫，又可以充当后者的情人，身兼两职，两不耽误，当然两边谁也不允许有小孩。"她写信给尚未出嫁的侄女谈到某个生了十八次的女人说："我建议她和 D 医生各自在不同的房间里养生比较好。"她还认真评论唐璜说："我必须要说，舞台上我还没见过哪个角色的性格像他这样有趣，混合了残忍和欲望。"

她的小说不写性，不是因为她不懂性或害怕性，也不是因为当时人们不写这些事情。实际上，人们一直都在写。她十多岁时读的那些书，充满了耸人听闻的性事：绑架，引诱，哭泣，爱抚；裸露的乳房，热烈的亲吻；无赖，浪子，放荡之徒；

好色的僧侣，被蹂躏的少女；冷酷无情的老鸨，地位卑贱的妓女；通奸，窥淫癖，乱伦，强奸。她的小说没有这些内容，因为她选择不写。

但这些内容也不是完全没有。在《曼斯菲尔德庄园》里，已婚妇女抛弃丈夫投入情人的怀抱。在《傲慢与偏见》里，十多岁的女孩被笑容满面的骗子勾引。《理智与情感》同时写了这两种场景：一个年轻女人跟人私通有了孩子，孩子长大后又被人勾引，有孕在身，也被人抛弃。这些情节足够填满一部小说了，但不是奥斯丁的小说。在这三部小说里，这些插曲全都发生在幕后，我们只是听人提起。奥斯丁不想讲其他人都会讲的关于年轻女人的这类故事。她的女主人公不被动、不可怜，不是受害者，不是玩物。她们掌握自己的命运，她们和其他人平起平坐。

在她那个时代，这也意味着约束自己的冲动。在节育措施可靠、无过错离婚合法、女性经济独立的今天，我们说不准她对性的态度会有什么不同，也完全不清楚她是否会谴责今天的道德标准。但这无关紧要。她不会因为性冲动导致毁灭而谴责性冲动。她谴责它，因为她觉得为此结婚是愚蠢的。她小说里有很多聪明的男人犯了错，娶了索然无趣的美女，一辈子都活在悔恨里。

《傲慢与偏见》里的班内特先生就是一例，他一直都在与妻子永无休止的"神经"问题争吵。《曼斯菲尔德庄园》里的托马斯·贝特伦爵士，娶了个一无是处的娇妻还颇为自得。还有《理智与情感》里的帕尔默先生，达什伍德家邻居的妹夫，娶了一个可笑矮胖的妻子，她"脸孔十分漂亮"，"笑吟吟地走进来，整个拜访期间都是笑吟吟的，只有哈哈大笑的时候例外，离开的时候也是笑吟吟的"，她丈夫只有二十五六岁，已经养成不大理睬她的习惯了。（第一卷第十九章）

无论如何，尽管去世时仍是处子之身，奥斯丁懂得所有这些事情。她的男女主人公，性吸引总是排在最后，而不是最前。性吸引不是感情的源头，而是感情的自然结果。她的女主人公一般都不是大美女。（如果我们有不同印象，也是因为电影。）《劝导》里的安妮·埃利奥特已过了花样年华。《曼斯菲尔德庄园》里的范妮·普莱斯"不算长得不好看"。《诺桑觉寺》里的凯瑟琳·莫兰"还算漂亮"。《傲慢与偏见》里的伊丽莎白，"长得还算过得去，但也没有漂亮到能够打动我"。其他年轻女子，简·班内特、伊莎贝拉·索普、玛丽·克劳福特、莫斯格罗夫姐妹亨丽埃塔和路易莎，经常盖过女主人公的风头。但是，随着了解的加深，她们的相貌越来越让人喜欢，悄悄走进你心里，然后有一天你发现自己对她们的感觉，就像有人最终形容伊丽莎白那样，"是我所认识的最漂亮的女人之一"（《傲慢与偏见》第三卷第三章）。至于奥斯丁的男主人公，他们总是安静、稳重、敏感的类型。喜欢上他们也需要一段时间。她笔下的反派，倒是漂亮时髦、甜言蜜语、风流成性。她喜欢用性格说话的人。

但这并不意味着她笔下的爱侣——或者说她笔下的故事，以及她本人——缺乏激情。如果说读者多年来希望看到的那种情感并不明显——夏洛特·勃朗特看不到"悸动战栗、血脉偾张"，马克·吐温觉得"像是酒保进了天国"——不是因为冷漠，而是笔法老到纯熟。沃尔特·司各特爵士，奥斯丁小说最早的评论家之一，也有过类似抱怨，他形容《爱玛》说："丘比特步态优雅，谨小慎微，在灯笼下打火把，而不是痛痛快快点燃整间房子。"这里，关键词是"谨小慎微"。如果埃莉诺拒绝承认她对爱德华的感情是爱，那也因为不同于戏剧化的妹妹，她想保护自己的隐私。这种情感太珍贵了，说出来就是亵渎。

她的创造者也是这种感觉。她笔下的爱侣当然饱含激情，甚至埃莉诺和爱德华的感情，也比花蝴蝶威洛比想象的更深沉、更真挚。所以更有理由不让我们窥见他们的亲密。我发现，小说高潮处的爱情场景，最引人注目的是她总在关键时刻搁笔不写，而这是电影从来都做不到的。男主人公准备求婚，女主人公准备接受，他们的感情即将大白于天下，奥斯丁知道我们很想听到那些代表他们幸福快乐的甜言蜜语，但她就是不写，让人心痒痒。我们在《理智与情感》中读道："他以何种方式表达衷曲，又是如何被接受的，这一切都毋庸赘述。"（第三卷第十三章）而爱玛，"至于她说了什么呢？自然是当说则说吧。这是有身份的小姐一贯的说话原则"。(《爱玛》第三卷第十三章）太私密了，不关我们的事。这才是最浪漫的事。

幸福，她笔下爱侣们得到的幸福，是由哪些东西组成的呢？有批评家说奥斯丁认为友谊是"真正的生命之光"，我觉得他只说对了一半。他把友谊和爱情对立了起来，但在奥斯丁看来，友谊是爱情的本质。不管这种说法让我们与玛丽安有多气恼，埃莉诺都深有体会："我不想否认，我非常看重他——我十分尊敬他，喜欢他。"（第一卷第四章）我回头重读其他小说，也看到了同样的东西。我看到伊丽莎白·班内特"她尊敬他，器重他，真心实意关心他的幸福"（《傲慢与偏见》第三卷第八章），爱玛头脑简单的朋友哈丽特·史密斯，受人误导，看不清自己的真正感受，她说："他脾气挺好的，而且我将永远非常感激他，非常尊重他——不过那是另外一回事——"（《爱玛》第一卷第七章）不，不，我终于发现，这根本就是一回事。

现在我懂了，如果爱情始于友谊，那它也会符合奥斯丁的友谊原则。和朋友一样，爱人最大的任务就是让你成为一个更好的人：必要的时候督促你，甚至不惜冒着感情受伤的风险。奥斯丁笔下的爱侣相互挑战：更不自私自利，更有自知之明，更善良，更体贴，不只对彼此这样，对周围人也如此。奥斯丁认为，爱情不是为了颠覆反叛，而是为了社会化。从我叛逆的青春期以来，这个观点变化太大了。爱侣不应该像玛丽安和威洛比那样怂恿对方走极端，而是教给对方彬彬有礼不逾矩的价值观，让对方明白社会期待值得尊重。奥斯丁认为，爱情不是为了永葆青春，而是长大成人。

奥斯丁理解甚至珍视青春的激情，她知道这是他们的所有。布兰登上校说："青年人的偏见别有一番亲切感，看到他们放弃偏见，接受那些一般的观点还是让人觉得遗憾。"（第一卷第十一章）相信玛丽安和我那样的爱情观很正常，但必要的时候也应该放弃它，虽说难免让人伤感。奥斯丁尊重埃莉诺，但显然《理智与情感》她最喜欢的角色是妹妹玛丽安。因为太喜欢她了，所以希望她幸福。现在我明白了，在奥斯丁看来，幸福的关键就是让生活给你惊喜。

现在我发现，最让人惊讶的是年轻爱侣的一举一动都可以预料。玛丽安和威洛比一定会相爱。每个人都知道他们会相爱，相遇前*他们*也知道这是一定会发生的事。但是，做出成熟的决定，耐心感受和思考相互之间的尊重、关心、敬佩，勇于挑战和接受挑战，拒绝舒适的幻想和算计的犬儒主义——这才是真正激进，真正有原创性，真正的英雄之举。这才是真正的自由；这才是提升自己，让自己挣脱冲动和套路束缚的举动。现在回头来看，奥斯丁小说结尾的婚姻，总是出人意料。玛丽安和威洛比本应是天生一对，但奥斯丁的女主人公们真正嫁的人，总是"不对的"那个人：阶级不对，年龄不对，脾气不对。爱玛，伊丽莎白，安妮，周围人都不觉得她们能有幸福——连她们自己也没想到。

奥斯丁告诉我们，真正的爱情让人惊讶，而且最有意思的是，真正的爱情会不断让人惊讶。不管玛丽安和我怎么想，爱侣们最不应该做的事，就是见解一致、志趣相投。在奥斯丁看来，真正的爱情意味着观点想法的不断碰撞。如果爱人变得和你一样了，你们也就止步不前了。性格之所以重要，不仅因为那是一辈子的事，还因为它会影响你成为什么样的一个人。

在《劝导》里，查尔斯·莫斯格罗夫娶了安妮·埃利奥特的妹妹玛丽，玛丽牢骚满腹、眼皮子浅，"他若是娶个更加匹配的妻子，兴许会有很大的长进；若是有个真正有见识的女人，他的身份兴许会变得更加举足轻重一些，他的行为和爱好也许会变得更有价值，更有理智，更加优雅。其实，他除了游乐活动之外，干什么都不热衷，时光都白白浪费掉了"（第一卷第六章）。他们的婚姻是平静的悲剧，但仍然是悲剧。在《傲慢与偏见》里，如果选个更好的伴侣，埃莉诺和玛丽安那令人厌恶的同父异母的哥哥约翰·达什伍德或许还有救："他若是娶个和蔼一点的女人，也许……他自己也会和蔼一些。无奈他结婚时太年轻，太偏爱妻子了。不过，约翰·达什伍德夫人倒也活得很像她丈夫，只是更狭隘、更自私罢了。"（第一卷第一章）"很像她丈夫"：我明白了，和与自己一样的在一起，根本就不是爱，只是自恋。玛丽安最后找到了丈夫，奥斯丁尽可能让她找了个与她自己截然不同的人。

这是最意义重大的启示。幸福不仅取决于你选择的伴侣，你选择的伴侣还决定了你的自我——你的性格，你的灵魂。爱情不只是感情和睦融洽。没有摩擦的关系，如果有这种关系的话，也会是荒漠一片。冲突是好的，分歧是好的，争吵也是好的。对我来说，这些都是让人震惊的新看法。做出承诺，不一定会限制你的成长，反而有可能打开一扇不断成长的大门。奥斯丁终于做了我以为很不可能的事情。她开始让我觉得结婚也许没那么可怕。

不过，我还需要汲取一个教训。奥斯丁的爱情观，最难接受的是她认为不是人人都有爱的能力。只要你正视这个看法，相关证据就是压倒性的。约翰·达什伍德没有这个能力，他妻子也没有，奥斯丁小说的很多人物——《劝导》中安妮·埃利奥特的姐姐和妹妹，《曼斯菲尔德庄园》中贝特伦家的大多数孩子，以及他们身边的很多人——冷漠，贪婪，自私自利，只考虑自己。奥斯丁认为，爱的先决条件——在努力之前，在勇气之前——是要心中有爱。她认为，不是每个人生下来都心中有爱的。

为侄女提供恋爱建议，奥斯丁安慰说"我还是觉得你有这个能力真正爱上一个人"，她说的就是这个意思。《劝导》里的安妮，听说本威克舰长再次订婚后心想："本威克有一颗热烈的心，必定会爱上个什么人。"（第二卷第六章）爱就是这么回事：如果心中有爱，一定会出现某个人让你称心如意。如果你没有爱，发生什么事情也就不重要了。奥斯丁认为，人可以长大，但本性难移。

同样，现在我意识到，在虚构世界里为人牵线搭桥的作家并不觉得大多数婚姻算得上成功。有人为了错误的原因而结婚，有人选错了对象，或是诸事不顺，或者举手投降，或是一开始就不该结婚。成熟和相互了解，有很长、很危险的路要走，她的男女主人公可以期待幸福结局，但她的小说让我们看到的是，绝大多数的结合，包括父母、邻居等等，二十家有十六家左右，都以失败告终。

所以，我该怎么想呢？奥斯丁安慰她侄女，她又会对我说些什么呢？我是个心中无爱的人吗？我的所有那些分手和痛苦，我的所有那些惨遭失败的承诺，都意味着我根本就不应该痴心妄想结婚吗？也许我的想法一直都是对的，也许我该告诉自己做正确的事。六年，六本小说，奥斯丁带给我的就是这些问题。而且，我知道，哪本书里都找不到答案。

可以肯定的是，奥斯丁是个心中有爱的人。这是她一生留给我们的一个大问题。这个问题不是一个终身未婚的人怎么可能如此了解爱情，天才的奥秘足以对此做出解释；这个问题是，这样一个对爱情知之甚多，而且有充分证据说明她是个有能力去爱的人，为什么却终身未嫁呢？

像伊丽莎白·班内特那么大的时候，她差点就结婚了。奥斯丁的书信，读起来也像是小说。当时她二十岁，写信给姐姐卡桑德拉，兴高采烈地谈到前一天晚上自己参加的舞会：

> H先生首先和伊丽莎白跳舞，后来又和她跳了一次，可他们不懂如何展示特别的情味。在下自诩，本人一连三次的示范课对他们应不无小补。我刚收到你的长信，信中你不留情面地批评了我，我都不敢告诉你我的爱尔兰朋友和我做的事情了。你想象一下肆无忌惮、令人侧目地坐在一起并一起跳舞的情形吧。但是，我*只能*张扬，*再*张扬一次，因为下个星期五我们在阿什跳完舞后他就要离开这个国家了。我向你保证，他是个很有绅士派头、相貌出众、讨人喜欢的年轻男人。至于我们是否还在其他地方见过面，除了最近跳的三次舞外，我只能说不太多。因为在阿什的时候他很喜欢笑话我，不好意思来斯蒂文顿，几天前我们拜访勒

弗罗伊太太时他就跑掉了。

"我的爱尔兰朋友"是安妮·勒弗罗伊的侄子汤姆·勒弗罗伊。安妮·勒弗罗伊是奥斯丁深爱的老朋友,也是她生命中像母亲一样的角色。这年圣诞节,汤姆受邀来到阿什的表亲家,离奥斯丁居住的斯蒂文顿有几英里远。(汤姆的父亲年轻时移居爱尔兰。)他们的情感显然迅速升温。三个晚上就足够了——三个晚上的跳舞、调情和交谈,充满希望、眉目传情和欢声笑语——足以确认相互的爱慕之情。六天后,也就是阿什舞会的前一天,奥斯丁再次写信给姐姐说:

> 告诉玛丽,我把哈特里先生和他的所有财产全都转交她,供她一个人使用,都是她将来的福利。不只是他,她看得上眼的我所有的其他爱慕者都可以商量,连波利特想给我的吻也不例外,因为我打算把我的未来交给汤姆·勒弗罗伊先生;因为他,一分钱我都不在乎。

一如既往,情感隐藏在嬉笑背后,但却同样诚恳真挚。奥斯丁相信关键时刻就要来临了。对于第二天的舞会,"我迫不及待,"她说,"因为我更期望晚上我朋友提出请求。"是的,请求,也就是求婚。

　　但是，并没有求婚。我们不知道那天晚上发生了什么，这个节骨眼上奥斯丁的信件没有了（卡桑德拉焚毁了她觉得敏感的信件），下一封信的落款日期已是第二年夏天。不过，我们的确知道汤姆的家人权衡了事态，决定出手制止。汤姆是个大家庭的长子，这家人绝对不算富裕。他正在攻读法律，还在社会上寻找出路。他不能，或者说大家认为他不能向一个没有财产的年轻女人求婚。后来他的表亲说，他们的母亲十万火急地打发他离开，"免得造成更多伤害"。

　　如果不是受到干预，他会像奥斯丁期望的那样向她求婚吗？我们不得而知。他像她那样爱他吗？这点我们倒是可以肯定。三年后他娶了一个女继承人，养育了九个孩子，最后还当上了爱尔兰首席大法官。几十年后，人老了，据某个侄子说："他总说自己很爱她，虽然他认为那是少年人的爱。"至少，从老人的角度看，那的确是少年人的爱，但在他们短暂相恋（他们只见过那一次）的二十一年后，得知她去世的消息后，他回到英国——不算是出趟小门——专程前来致哀。后来，出版社拍卖手稿时，他还买下奥斯丁收到的出版社拒绝出版《傲慢与偏见》原稿的那封信。他的感情似乎从未熄灭过。

　　至于奥斯丁，很难说。后来她信中唯一一次提到他，是在那个意义重大的圣诞季的三年之后。汤姆的姑姑安妮·勒弗罗伊前来拜访，奥斯丁写道：

我不想一个人听所有那些趣事；你一定会相信我告诉你的事，她根本就没有提到她侄子，对她朋友（另一个年轻男人）也只说了不多几句。她一次也没有对我提起前者的名字，我也是太骄傲了，什么都不问。但后来我父亲问起他在哪里时，我才知道他回伦敦了，打算去爱尔兰的法庭开始执业。

语气显而易见：挥之不去的愤恨，持续的好奇心，还有释怀感。汤姆·勒弗罗伊让她尝到爱情的滋味，但她不是为温特沃斯消瘦憔悴的安妮·埃利奥特。她不是因为失望才终身未嫁的。

首先，她有其他机会。据说奥斯丁是个有吸引力的年轻女人：身材高挑苗条，淡褐色的明亮眼睛，浅棕色的卷曲长发，肤色光亮洁净，步态轻盈坚定，充满健康活力。更不用说她谈吐风趣幽默、机智诙谐了。汤姆·勒弗罗伊肯定不是唯一一为她倾倒的年轻人，有"哈特里先生和他的所有财产"，有想吻她的查尔斯·波利特，她的"爱慕者"不知道究竟有几个。汤姆之后三年，奥斯丁信里还提到过安妮·勒弗罗伊的一个朋友，那个年轻牧师对她表示过关心和兴趣。还有海边的一个年轻绅士——具体细节像"海边"这个背景一样朦朦胧胧，奥斯丁去世多年后卡桑德拉透露过这一插曲——据侄子说，这位绅士"思想和举止都很迷人"，"卡桑德拉认为他值得爱，可能也赢得了妹妹的心"，他告辞时"表示他很愿意再次见到她们"，但不久后他就突然去世了。当然，还有哈里斯·比格－威瑟斯。

就像后来建议侄女对待约翰·普伦普特里那样，奥斯丁会不会对这位只有一夜婚约的未婚夫生出爱意呢？有这个可能。她从小就认识他，喜欢他的家人，虽然他笨拙腼腆，但从牛津回来后，这个年轻人已经比过去自信多了。但另一方面，爱情也不再是唯一需要考虑的事情了。这个二十岁时失去嫁给汤姆·勒弗罗伊机会的年轻女人，也是个初出茅庐的作家。七年后拒绝朋友的弟弟时，她已是三部小说的作者了，虽然尚未正式出版。她来到了岔路口：一条路上有婚姻、家庭、安稳，可能还有爱情；另一条路上有艺术冒险。

鱼与熊掌不可兼得。对那时的年轻女人来说，结婚就是为人母，此外别无选择，付出的往往是一生的代价。奥斯丁弟弟查尔斯的妻子五年内生了四个孩子，然后死了。奥斯丁哥哥弗兰克的妻子十六年内生了十一个孩子，然后死了。奥斯丁哥哥爱德华的妻子十五年内生了十一个孩子，然后死了。奥斯丁的母亲生了八个孩子。奥斯丁想到自己最喜欢的侄女总有一天要找个丈夫结婚时——约翰·普伦普特里之后几年——她就忧心忡忡。"啊！等你结婚了，会是多么大的损失啊，"她嚷道，明白地告诉我们她不结婚的原因，"如果你的美丽心灵只满足于为人妻、为人母的情感，我会恨你的。"后来，卡桑德拉回忆妹妹写的这些信时，说她"既为自己的朋友结婚成家感到高兴，又很庆幸自己拥有的自由"，写作的自由，创造的自由，让自己无与伦比的才华纵横驰骋的自由。

然而悲剧的是，这种自由遽然中断了。最反讽的是，奥斯丁去世时四十一岁，这在当时也算英年早逝了，但她却出自一个相当长寿的家庭。父母和兄弟姐妹共九人，有八个人活到了七十多岁。卡桑德拉活了七十二岁。她们的母亲活了八十七岁。哥哥弗兰克，海军，美国内战末期升任皇家海军总司令，活到九十一岁，几乎比妹妹多活了近半个世纪。奥斯丁的死因，我们不得而知。学者们曾怀疑夺走她生命的是阿狄森氏病，但此说证据不足。如果病因是受到感染或环境方面的原因，那么，选择另一种人生，与汤姆·勒弗罗伊生活在爱尔兰，或与哈里斯·比格－威瑟斯生活在他的庄园里，她可能会活得更久一些。

活得更久，但活得不一样。奥斯丁从未结婚，但她有孩子，不止八个或十一个。他们名叫爱玛、伊丽莎白、凯瑟琳、安妮、范妮、埃莉诺、玛丽安。他们名叫亨利、爱德华、温特沃斯、威洛比、柯林斯先生、贝茨小姐、达西先生。他们不是长寿，而是永远不老。嫁给汤姆或哈里斯，她可能幸福，可能有钱，可能为人母，甚至可能长寿。她可能拥有所有这一切，但我们不再是我们，她也不会是简·奥斯丁。

第七章

故事结束

这是我在布鲁克林第四年的 9 月初。论文第三章和最后一章完成了一半，我也再次回到了教学岗位上。与此同时，康涅狄格州的那位朋友，也就是前一年坠入爱河的那位朋友正在筹备他的婚礼。婚礼定在 11 月，但劳动节过后的那个周末，他和未婚妻在他们的新居办了一个大派对，好让各路朋友提前认识。

他的未婚妻在克利夫兰长大，她老家最好的朋友——其实就是她妹妹——打算开车过来参加派对。我听说她要来，也听说她单身，但一开始我们并不投缘。我到场的时候，他们正在播爵士歌王辛纳屈（Frank Sinatra）的歌。我也喜欢辛纳屈，但为了显摆自己的在场，我说了一句刻薄话："拜托，就不能放点不那么附庸风雅的音乐吗？"这，有点达西和伊丽莎白的味道，但只是成功地让她觉得我是个混蛋。

我们各自投身派对，很快我就忘记她了，直到几个小时过后，我发现我们莫名其妙地卷入了一场复杂的、激烈的谈话，又一个《傲慢与偏见》的场景。谈的是政治；后来我才意识到，和奥斯丁的女主人公一样，她是在试探我的价值观是否端正。站在那里讨论来讨论去的时候，我渐渐发现，这个自打进门后我就没正眼瞧过的女人——天晓得我是怎么做到的——就像奥斯丁会说的那样，是我认识的人里面最漂亮的那一个，换句话说，异乎寻常地、咄咄逼人地很有吸引力。

夜晚还没结束，我们就彻底沦陷了。整个周末我都待在那里，不得不说再见时，我发现自己伤心欲绝。我们都不愿意就这么放手。我们隔了五百英里，但知道这一点之前，我们每隔几个晚上就会尽情长谈，在电话里说上好几个小时，做奥斯丁想要我们做的事：了解对方，尊重对方，倾听对方的故事。

我们谈论各自的家庭，描画各自的生活，就日光之下的一切事情交换各自的看法。不仅倾听对方想说的话，还注意对方说这些话的方式。20世纪技术更新升级，但从某种角度说，其他方面还是一样，还是埃莉诺和爱德华，以及奥斯丁笔下其他男女主人公之间的那些事。我研究她心灵头脑的特点，她的"情感"和"见解"，她的"想象力""观察"和"情趣"；同样，她也观察我。我们对对方的认识和尊重来自对性格的了解，而不是对身体的熟悉。实际上，我们是通过电话来了解对方的，不像奥斯丁笔下的年轻人，我们甚至没有见面。这种经历完全是无实体的：只是两个声音、两个灵魂在夜晚相会，我们拥有的只是对方的小隐私。

我对我朋友的未婚妻说："我为她发狂！""冷静点，"她说，"我知道她喜欢你，但过于急切，可能会吓跑她。"我试图保持冷静，但很难。她介绍我认识的这个姑娘，无数个夜晚在耳边窃窃私语，让我觉得她才华横溢，善于表达，直观敏锐，洞察力惊人。她懂得如何交谈，也懂得如何倾听。

她和我很不一样，也和我交往过的其他姑娘不一样。她不是专业人士，没有受过贵族教育。她端盘子，这和我刚开始读奥斯丁时身边的那个女朋友一样，我不太尊重那个女朋友。她也给人擦过皮鞋，在咖啡馆工作过。她还在慢慢读大学，不过是本地的公立学校，主修陶艺。她一直生活在克利夫兰高地的波西米亚环境里，她结交的那些人，作为象牙塔精英的我，几乎就没怎么和他们说过话：工人阶级子弟，街头流浪汉，艺校生，朋克摇滚乐手，俱乐部孩子，老嬉皮士。

我脑子里常春藤联盟的小声音，也是我从我家里那里听来的声音，对此很抓狂，这一切听起来太下里巴人了吧。纽约的小声音，也是我从我那些富贵朋友和周围整个大环境听来的声音，对此很蔑视，这一切看起来太不起眼了吧。但是，我读过《爱玛》，知道书本不是唯一的学习途径，我读过《曼斯菲尔德庄园》，知道金钱和地位不能让一个人更有价值，我不再听从那些声音了。我从奥斯丁的爱情故事中汲取教训，知道自己应该和什么样的人在一起：她不能只是你自己的镜像，你不知道她会带来什么，她能让你走出舒适地带。要说有什么不同的话，我受到吸引，是因为她的经历迫使我进入不熟悉的领域，让我看到以往我不懂得欣赏的东西。我觉得这个人，我可以真正从她身上学到东西。

我们认识的那个周末过后一个月左右，她驱车来到布鲁克林，想弄清楚我们是否还能继续交往下去。毕竟，相隔太远，太不方便了。然后，我们发现，在我们弄清楚对方是不是可以爱的人的同时，我们已经相爱了。就像伊丽莎白·班内特会说的那样，事情已经慢慢发生了，我们都不清楚是什么时候开始的。

那个秋天，这座城市对我来说从没像现在这样甜蜜过。熟悉的街头，如今完全变了模样，我怀着对她的爱，仿佛戴着一顶无形的皇冠。我原以为自己知道爱的滋味，现在却发现自己一无所知。过去我总觉得那是一种从内心深处感受到的东西，现在它却无处不在，填满一切，像是包围我的空气。过去我以为情感关系是你的选择，但这并不是我选的，是它选择了我。我是不是个心中有爱的人？这个问题自有答案。

但并不总是一帆风顺。就像奥斯丁告诉我的那样，没有摩擦，没有冲突，也就没多少感情。11月，我们回康涅狄格参加朋友的婚礼，克利夫兰的所有朋友都会去。婚礼前一天晚上，我们所有人都应该在某人家里碰头，但我女朋友想跳过这一环，打算撒谎说丢了那个人的地址。"如果爽约的话，我不知道你的朋友们会怎么想，"我说，"但我真的觉得不应该对他们撒谎。"

不用说，我这是听从奥斯丁的劝导：真正的爱人就是真正的朋友，做错事时真正的朋友会向你指出来。但这么做很吓人。当时我们才第三次见面，我不知道她会怎么想。我不希望她恨我，但我也希望她是个听得进批评的人。她停了一会儿，对于我这样提醒她有点惊讶（毕竟我们才刚开始交往嘛），然后她想了想，说："你是对的。"这是小事，但奥斯丁给我上的第一课就是，生活就是由这些小事组成的。

后来，问题解决起来不总是这么容易。我们争吵，当然会争吵。有时吵得很凶，有时很不堪。我们都不是完人。事到临头，我们像其他人一样挖战壕，挥枪舞棒。但拯救我们的，至少就我自己而言，是我从奥斯丁那里学到的两件事：我女朋友的看法和我一样情有可原，争吵时不管心里多难受，都要承认这一点；承认这一点，就有可能及时发现并承认自己的错误，不管承认错误有多可怕，不管吵输了（我投入了那么多怒火，那么多自我）多没面子，最终都对我自己很有好处。

几分钟、几小时的愤恨，我们大吼大叫，恶语相向，但总有那么一刻，总有那么一刹那，我会突然意识到，我不仅错了，我还欠我女朋友一个道歉，我应该鼓起勇气向她道歉，如果我过得了这座着了火的桥梁，前面就有东西等着我。我会学到一些事情。我不会重蹈覆辙。日后我会成为她更好的伴侣，成为更好的人。而突然意识到的那一刹那，就是垂下井的绳索，它让我爬出来，重新找到光和爱。

当然，主要还是势不可挡的爱。那个冬天，我带她去墨西哥，算是某种蜜月吧。她说她从小就盼望在海滩度假，所以我决定比较夸张地给她一个惊喜。我们去了坎昆（Cancun）附近小岛的小木屋，在那里待了一个星期，像两只蜥蜴一样躺在海滩上，在乡村的街道上闲逛，在偏僻小路上骑摩托车。此前我们一直都很严肃，沉醉在爱和激情的冲击波里，到那时我才发现她身上有一种顽皮的幽默感。我对她说，我认识的某些人对自己的词汇量很自负，但他们却不知道"虚弱无力"（impotent）和"懒散"（indolent）的区别，因为他们并不知道这两个词的意思。"我知道区别，"她立即说，"不能和不想。"

冬去春来，我们开始用电话约会。我们总是先倒上一杯酒，交换最近几天值得一提的消息。天气越来越暖和，我坐在消防梯上，楼下花园的花香飘上来。然后我们开始一边各自做晚饭，一边分享笑话和故事，饭后点上一根烟，接着一直聊到深夜，一句话才说了一半就睡着了。

夏天来了，我去克利夫兰和她待在一起。纽约那些漂亮朋友有些震惊。那位迷人女士，和不懂穿衣打扮的俄亥俄男生分手的那位，在派对上碰到我，她问我："你还在和*圣路易斯*那个女孩交往吗？"我把我女朋友介绍给某位著名现代艺术家的儿子，也是那群人中的一个，他说："啊，*我*去过辛辛那提。我觉得那里会变成商业区。不过你知道，没那么差劲啦。"

不，克利夫兰（至少*我*知道区别）一点儿也不差劲。事实证明，纽约之外也有生活。实际上，有我女朋友的生动讲解，我还开始喜欢上这个地方了。她带我走街串巷，剥开层层记忆，带我看她的老房子、老地方，告诉我背后的故事，介绍我认识她提到过的那些人。我去她上班和吃三明治的地方，那些地方都以她认识的人的名字命名；我们去一个俱乐部喝酒，她和她最好的朋友，也就是我朋友的新婚妻子，中学时代她们就是从这家俱乐部迈出了社交的第一步。她追溯她自己的生活，还把我织入其中。

我在她客厅里摆好我的电脑，开始敲定我论文的导言，这是要写的最后一部分了。我给她听莱昂纳德·科恩的歌，我是在那些情绪最低落的黑暗日子里迷上他的；她则教我喝马丁尼酒。7月她生日时，我满公寓藏了六件礼物，她给我烤幸运饼干，里面藏些淘气的小信息。当然，整个夏天我的小灰猫也和我在一起，它蜷在我俩的枕头上。8月底回布鲁克林时，我把它留给女朋友照顾，让我的一小部分和她在一起。

过了不久，她们两个就都回到我身边了。几个月后，我女朋友收拾行李，搬过来和我住在一起。现在，我的城市也是她的城市了。我们在唐人街吃莲蓉饼，在布莱顿海滩吃俄式薄饼，在韦塞尔卡餐厅喝波兰牛肚汤。我们靠在布鲁克林漫步广场的栏杆上看布鲁克林大桥的日落。小意大利城的一个店主，用他从店里面翻出来的二十五年陈酿的小杯香醋庆祝我们的恋情，那香醋像枫糖浆一样黏稠甜蜜。

一切都顺理成章，浑然一体。春天我终于完成论文时她在我身边；奇迹中的奇迹，我找到一份学术工作时，她还在我身边。在康涅狄格也一样。我们要加入那个朋友圈，那个像家一样的地方，正是那些朋友让我们找到了彼此。

一直以来，她都在和我生命中那些重要的人见面。她见了我的父母，这也是我生平第一次带人回家，父母似乎不敢相信他们的宝贝儿子（当时我已经三十三岁啦）终于长大了。她见了我姐，我姐和蔼可亲；她见了我哥，我哥压根儿就不知道如何与这样一个截然不同的人交谈。她见了我的教授，他请我们共进晚餐，平等对待我们。（"她是他的理想之选，"教授对我的印度朋友说，"但他*并没有*打动她。"）她见了带我接触上流社会的那对夫妇，他们好像觉得她有点掉价。她还认识了我最好的朋友，这个朋友真的比我自己更了解我，因为她欢迎她成为我寻觅已久的那个伴侣。

　　她来布鲁克林的第一个周末，也就是决定了我们命运的那次拜访，她随身带了一本书，打算休息时翻翻看。当时她知道我是研究生，但不知道我研究什么，也不知道我论文写什么。她只不过碰巧在读那本书而已。

　　那本书是《傲慢与偏见》。

　　读者们，我和她结婚啦。

译后记

对于国内读者来说，威廉·德雷谢维奇（William Deresiewicz）这个名字可能并不陌生。他批评、反思美国常春藤精英教育体制的《优秀的绵羊》一书，2016 年 5 月由九州出版社出版中译本后，在国内引发了不小的反响。

威廉·德雷谢维奇的这本小书《简·奥斯丁的教导》，初版于 2011 年 4 月，英文书名 *A Jane Austen Education: How Six Novels Taught Me About Love, Friendship, and the Things That Really Matter*。同年 12 月，台北联经出版社推出了谢雅文、林芳瑜的中译本，题为《当宅男遇见珍·奥斯汀》。威廉·德雷谢维奇，曾在耶鲁大学执教十年，也是著名的文学评论家。应该说，他是不折不扣的学院派，但这本小书却不是学术研究著作，而是具有浓厚的自传性质。此书将奥斯丁的六部小说和部分书信与作者自己二十六岁至三十三岁七年间在哥伦比亚大学攻读博士学位时的人生经历编织在一起，讲述了奥斯丁及其作品对自己的成长过程，特别是如何处理家庭、朋友、恋人这些亲密关系所产生的决定性影响。与他的其他评论文章相比较，这本小书通俗流畅，文风偏于个人化、非正式化，感觉像是作者敞开心扉，"磕磕绊绊、尴尬笨拙、未经修饰地"述说他的故事。

此书正文六章，每章对应奥斯丁的一部小说，并总结出奥斯丁教给他的一条道理或教训。具体说来，《爱玛》让他学会睁开眼睛发现日常生活的价值和意义，每一天都重要，每个人都重要；《傲慢与偏见》强调从错误中成长，不受情感和自尊的蒙蔽；《诺桑觉寺》结合作者本人的助教经历，谈论如何保持开放的心态，学会学习，学会在自己的一生中爱上各种新鲜事物；《曼斯菲尔德庄园》质疑世俗的成功定义，关注内在的道德品质；《劝导》揭示了超前于奥斯丁那个时代的友谊关系，家人不一定能够成为你的朋友，朋友是你可以自己选择的家人；《理智与情感》破除浪漫主义运动以来的爱情迷思，探索什么才是真正的爱情。最后一章，大团圆结局，在阅读奥斯丁的过程中逐渐成长的作者，终于修成正果，收获了真正的友谊和爱情。

一部小说对应一条道理，这种写作结构，第一眼看上去颇有强行指派之嫌。但细读下来，你会发现作者大多数时候处理得相当不错，并无生搬硬套之感，文本阅读和现实生活水乳交融。这部小说揭示的道理，其实也适用于另一部小说，只不过另一部小说还有更突出的道理值得学习和领会。需要指出的是，

第四章围绕《曼斯菲尔德庄园》的讨论不够集中，很难直接归纳其核心论点。初版此章副标题作 being good，台版译为"追求良善"；而我手中的再版文本，此章副标题作 keeping it real，无论是直译为"保持纯真"，还是意译为"内在的财富"，似乎都难以概括该章内容。作者对副标题的两种处理，可能说明他自己多多少少也有些踌躇不决。无论如何，该章最后对"职责""品行""原则"等词的强调，倒是明确指向作者倡导的"道德严肃性"。

经典作品的魅力在于你可以从不同角度阅读，阅读感受也因人因时而异。熟悉简·奥斯丁作品阅读史的读者，对于"改变生活的艺术"这种说法应该不会陌生。威廉·德雷谢维奇从奥斯丁作品中收获的是"人生指南"，也就是说，阅读并爱上简·奥斯丁是他成长过程中的重要事件，让他从一个无力建立亲密关系、无法独立生活但又自以为是、自命不凡的名校精英，变成了一个更好、更真实的人。那么，问题来了，文学艺术能让我们变得更好吗？这个问题的答案自古典时代以来就争论不休。亚里士多德相信音乐能唤醒我们的道德品质，改变我们的灵魂。柏拉图则将诗人驱逐出他的理想国，认为艺术与真理相去甚远，甚至还会触发"人性中的卑劣成分"。孔子说"《诗》可以兴，可以观，可以群，可以怨。迩之事父，远之事君。多识于鸟兽草木之名"，肯定了诗歌的社会功能。老庄则趋于虚无主义和相对主义，主张"道不可言，言而非也""信言不美，美言不信"。玛莎·努斯鲍姆《诗性正义》认为好的文学能够使我们最大限度地感受和认同他人的生活，诗性想象的能力具有极大的实践价值和伦理意义。反对者却说，经由文学想象激发的同情，也很有可能局限在"想象"之中，"女人们因为正在上演的戏剧而涕泪滂沱，她们的仆人却在戏院外的冰天雪地里挨冻"（莫里斯·迪克斯坦《途中的镜子：文学与现实世界》）。布尔迪厄甚至认为，文学艺术不仅不能增进人们的团结，反而是社会区分的一种工具。

文学艺术能让我们变得更好吗？好吧，不要纠缠这个至今尚无共识的难题了。无论如何，总有读者对此抱着坚定的希望和信念，尤其是面对简·奥斯丁的作品，很多简迷的答案都是肯定的。"简迷"这个词本身，就源于英国作家吉卜林1924年的短篇小说《简迷》（The Janeites），那是一个关于奥斯丁如何拯救第一次世界大战中的普通士兵的故事。威廉·德雷谢维奇的答案也是肯定的，他在《优秀的绵羊》中还明确说："书籍帮助我们预见未来，赋予我们去创建属于自己生活的想象力和勇气……艺术并不会造就一个完美的你，却可以成就一个更自由的你。"

如前所述，《简·奥斯丁的教导》具有自传性质，译完此书，我很好奇作者后来是否"从此过上了幸福生活"。是的，是的，这种念头很是幼稚，现实世界里没有人能够"从此过上了幸福生活"。据维基百科和亚马逊图书网，1998—2008年间，威廉·德雷谢维奇在耶鲁大学执教，开过当代英国小说、印第安小说、名著选读、写作等课程，因未能获得终身教职（tenure），2008年后辞职成为职业作家。他应该是深受学生欢迎的好老师，就像引领他进入奥斯丁的世界、进入学术圈的那位睿智顽皮的老教授一样。没有拿到终身教职，很可能与他在《优秀的绵羊》书中批评的美国大学重科研、不重教学的制度有关。当然，他的科研能力，由于缺少相关信息，不敢妄自猜测。2004年，他曾出版了专著《简·奥斯丁和浪漫派诗人》（*Jane Austen and the Romantic Poets*），认为浪漫主义运动对奥斯丁后三部小说（《曼斯菲尔德庄园》《爱玛》《劝导》）具有根本性的影响，北美奥斯丁协会有人评价说"这是一本重要的好书，对简·奥斯丁的作品提出了很多大胆的看法"。从耶鲁大学辞职后，他的写作以文学批评、书评文章为主，2008年以来多次获美国国家杂志奖（National Magazine Awards）、美国国家书评人奖（National Book Critics Circle）提名，2010年还获得了美国国家书评人诺娜·巴拉基安优秀评论奖（Nona Balakian Citation for Excellence in Reviewing）。不用说，影响最大的要数他2014年出版的《优秀的绵羊》，此书认为狭隘的"成功"定义将大批名校精英变成了缺乏勇气、自私自利的平庸绵羊，《纽约时报》称其批评的标靶"直指整个美国中上层阶级生活"。在《简·奥斯丁的教导》中，他曾说："事实证明，我想当教授不是个错误。我只是花了一些时间才发现自己的潜力。我开始学会如何教书育人。"简单梳理作者的这些经历，可以看出，虽然没能继续留在学术界，但他的活动、他的写作，从宽泛的意义上说都是一种"教书育人"，而且也是"更自由的"的一种存在状态。

坦白说，我不是简迷。《傲慢与偏见》大概是大学时代读的，没什么特别的感觉，反倒是对杨绛先生的长文《有什么好？——读奥斯丁的〈傲慢与偏见〉》印象深刻，她说奥斯丁"从来不脱离结婚写恋爱"。啊，目的性太强了吧？那时我的"爱情观"还比较简单、天真。系统阅读奥斯丁作品，是最近几年才开始的，但也断断续续。接手翻译《简·奥斯丁的教导》的工作后，我终于读完了她的六部小说，读了能够找到的相关传记书籍和部分研究文章，恶补了书中提及和没有提及的相关影视作品。这是一个非常愉快的学习过程，一本书牵出好多本书，一部电影牵出好多部电影，阅读／观看让人迷醉，一路上充满惊奇和喜悦。现在，我是个简迷了吗？不好说。"经典作品是这样一些书，它们对读过并喜爱它们的人构成一种宝贵的经验；但是对那些保留这个机会，等到享受它们的最佳状态来临时才阅读它们的人，它们也仍然是一种丰富的经验"，卡尔维诺《为什么读经典》中这段话的后半句，正好可以用在我身上。我想，我还在成为简迷的路上。

浏览美国亚马逊网站的读者评论，我发现我这次的经历并不独特。有读者留言说自己从没读过奥斯丁的小说，但读了《简·奥斯丁的教导》后，他/她开始阅读奥斯丁，把自己代入她的小说，甚至还准备阅读她的传记。这种朴素的阅读感受和直接的行动反馈，恐怕就是对一本书的最好评价了吧。这同时也印证了书中的一个观点：奥斯丁在引导侄女选择伴侣时强调"生出"（grow）爱意，而不是"坠入"（fall）爱河，也就是说，爱意会随着熟悉的程度而日益加深，爱上一个人/一本书，不是平地惊雷，而是渐进的。所以，欢迎来到简·奥斯丁的世界！

作为人生指南，《简·奥斯丁的教导》难免被人归入"心灵鸡汤"一类的通俗读物。但是，这里我还是想对此略作辩护。首先，尽管"心灵鸡汤"这个词已经演变为贬义词，但它实质上谈论的是我们是谁，我们应该如何待人处世，我们的局限在哪里，什么是人性的伟大和卑微，什么是人生的意义，等等，等等，这些问题属于伦理学和存在论的范畴，与一个人的生活密切相关，大而言之，也与人类的整体命运有关。《简·奥斯丁的教导》讲的是作者从奥斯丁作品中获得的改变自己生活的启示，对于这些启示，不同读者的感受可能很不一样。对我而言，从此书中学到的最重要的道理就是每一天都重要、每个人都重要、每件事都重要，真正看到并感受到奥斯丁看到并感受到的日常生活的价值，"因为生活是重大的"，"填满我们日子

的那些东西会填满我们的心"。和作者一样，我再也不能戴着
贝特伦夫人的手套接触生活了："你看着身边的世界，然后第
一次看见了它，感觉到了它存在的真实性，而不只是一堆概念：
水真的是湿的，天真的是蓝的，这个世界真的是我们的唯一。"
不该走马观花、麻木不仁地对待自己的生活，对待自己生活的
世界，这条道理听起来像是老生常谈，但是，当人生之旅行至
中途、步入一片幽暗的森林之际，当人到中年体会到各种大词
都空洞苍白时，我很高兴自己在此书的触动下发现，或者说重
新发现了日常生活的价值，因为就像奥斯丁热爱的约翰逊博士
所言："人类是渺小的，因此，对于人类而言，任何事都是大事。"
（转引自苏珊娜·卡森《为什么要读简·奥斯丁》）

其次，此书对奥斯丁作品的某些解读，例如，认为奥斯丁
对当时风起云涌的浪漫主义运动心存警惕、质疑并挑战浪漫爱
情神话的迷思、主张理性才是真正的自由，以及蜗居乡间的她
在现代性起步之际就已毅然决然抛弃等级制度和封建秩序、告
别田园牧歌式的乡村英格兰，这些观点都极具洞察力和穿透力，
至少对于普通读者来说也是值得深思的。在细读奥斯丁作品的
基础上，作者还质疑了学院派固化的文学研究方法，用他的教
授的话来说："文学研究，与学会一种秘密语言、掌握一堆理
论技巧无关，也与创造新的学术个性无关。文学研究应该恢复
与日常阅读方式——为了乐趣而读——的联系，但同时又要让

阅读变得紧张起来，而且要仔细推敲、深入了解。'这种感受应该仔细检查，看看究竟是怎么回事。'既要相信自己的感受，又要仔细检查这些感受。"（书中曾提到一个有趣的细节，在面对《傲慢与偏见》和《简·爱》时，研究生们泾渭分明地分成了两派，认为这两部小说代表了两种截然不同的人生观。有意思的是，问问我身边的朋友，答案却是两本书都喜欢。可以肯定，在听我转述此书作者的看法后，我的朋友们一定会回过头来"仔细检查"自己的感受。）毕竟，正是因为热爱阅读、热爱英国文学，拥有生物、心理学双学位的作者才改变人生轨迹，重回校园攻读文学博士。我自己的经历，又何尝不是这样呢？真正吸引我们、让我们更懂得自己的是文学文本，是阅读这种行动本身，而不是理论或行话。

翻译此书，最困难的部分是书中所引的奥斯丁书信。毛姆对奥斯丁的书信评价很高，说这些书信"充满睿智、反讽、挖苦的话语"，"但凡她写的信，很少没有笑意与逗乐的"（《巨匠与杰作》）。遗憾的是，由于缺乏上下文，由于自己不够了解奥斯丁那个时代的礼俗名物等细节，这些书信的翻译恐怕会有不少错误，恳请读者体谅并斧正。

翻译此书，有很多朋友提供了无私的帮助。感谢中国社会科学院外文所刘晖研究员，她推荐并借我李文俊先生的《爱玛》中译本。感谢中国社会科学院文学所李芳副研究员，她帮我买到了台版《当宅男遇见珍·奥斯汀》。鉴于"影响的焦虑",我的译稿到了精校阶段才敢参阅台版,感谢谢雅文、林芳瑜两位译界同行的工作。感谢北京交通大学的鲁竹副教授,她是我身边的简迷之一,兴致勃勃地和我讨论了奥斯丁小说的很多细节问题。感谢北京交通大学的田立年教授,他帮我解决了不少疑难句的翻译问题。今年是简·奥斯丁逝世二百周年,感谢三联书店冯金红、吴莘两位编辑策划出版这本有趣可爱的小书,以纪念这位伟大的、深受无数人喜爱的小说家。

最后,需要说明的是,书中所引奥斯丁小说原文,主要依据孙致礼先生的译本,偶尔根据上下文略作改动。

刘倩

2017 年 7 月